人生に悔いを残さないための

「悟り」入門

瑞岩寺住職
長谷川俊道

Discover

人生に悔いを残さないための「悟り」入門

仏瑞岩寺住職　長谷川俊道

まえがき　仏教の卍は全ての苦しみをひっくり返す

あなたはお寺のマークをご存じですか？

小学校のときに、社会の時間に習ったあのマークです。

交番は○の中に「×」、学校は○の中に「文」、神社は「鳥居」、そして、お寺は「卍」です。

卍はヒンドゥー教や仏教で用いられる印です。日本ではお寺のマークとともに、仏教そのものを象徴する記号として用いられています。


実は、卍は漢字なのです。

試しにパソコンなどで「まんじ」と入力してみてください。

お寺のマークが表示されますよね。


この記号は日本だけでなく世界各地にあります。

ちなみにナチスのハーケンクロイツは、この卍を裏返して45度傾けたものです。

メソポタミアでは先史時代から使われ、新アッシリア神殿に天然アスファルトで描かれています。

日本では奈良時代、薬師寺本尊である薬師如来の手の平と足の裏に描かれたものが、現存する最古のものといわれています。

さて、ここで私が言いたいのは、仏教の卍には、「全ての苦しみをひっくり返す」という意味があるということです。

仏教の根本的な教えは**「生老病死《せいろうびょうし》」**です。

今日の幸せな現代と比べ、昔は生活の中で苦しみが満ち満ちていました。

人々の悩みや苦しみを救うために仏教が生まれ、そして、世界中に広がっていきました。

人間は生まれてから死ぬまで、悲しみや苦しみは避けられないものです。

しかし、考え方を変えたり、生き方を変えたりすれば、その苦しみは全てひっくり返すことができます。

人間ですから、悩みはあります。

苦しみも悲しみもあります。

しかし、それらを一瞬にしてひっくり返す方法も必ずあるのです。

私たちの心配事は2400年前にお釈迦様が解決してくれている

私は群馬県にある470年続く瑞岩寺で27代目の住職を務めている長谷川俊道と申します。

私は仕事柄、多くの人たちから「この世を生きることの難しさ」について質問を受けます。

そして、ほとんどの人たちがその答えを持っていないことに驚きました。さらに、その悩みは年とともに大きく膨れ上がっていくことも実感しました。

人は年をとると、肉体的にも精神的にもどんどん老いていきます。
体のあちこちにガタがきて動かなくなり、痛みを感じ、病院に通って治療するようになります。

精神のほうも脳の老化が始まり、物忘れが激しくなったり、小さなことにイライラしたり、ボケたり、ウツになったり、落ち込んだり、元気がなくなってきます。
人間として生まれた以上、誰もが通る道で、仕方のないことです。

仏教では、これを「**諸行無常**」といいます。
どんなに財産をためても、あの世には持っていけません。

生きていること自体が悩みの連続なのです。
これまた仏教では「**一切皆苦**」といいます。

私たちが日々の生活の中で、悩み、苦しみ、恐れ、悲しむ、全ての答えが、実は

2400年前にお釈迦様（ブッダ）が全て解決してくれているのです。

この本は、将来、あなたが心安らかに逝くために書いた本です。

死にまつわる全ての悩みや苦しみ、不安は仏教の教えによって、一瞬でひっくり返すことができるのです。

まずは、この卍の字をよく見つめてください。

卍の字はもともと「太陽の光」を表しています。

あなたの心の中に大いなる光が満ちあふれることを祈っています。

長谷川俊道

人生に悔いを残さないための「悟り」入門　もくじ

第2章 悔いなく生きるために

第5章 最高の死の迎え方 133

第6章

「悟り」への道

第1章

そもそも「死」とは何なのか？

1

「死ぬ」というのはどういうことなのか？

死に恐怖を感じるのは、当たり前のことです。
しかし、たとえあなたが死んだとしても、
あなたの生きた足跡は、家族や友人の記憶の中に残ります。

人は誰でもいつかは亡くなります。

あなたも私も、いつかはこの世からいなくなります。

亡くなり方や亡くなる時期は人によって違いますが、この世に生を受けた以上、やがて死が訪れるということについては、誰の前でも平等なのです。

そして、死が訪れる確率は１００％です。

何人《ぴと》たりとも、抗うことはできません。受け入れるしかないのです。

では、そもそも「死」とは何なのでしょうか？

人は死んだら、消えてなくなってしまうのでしょうか？

広辞苑によると、死とは「命がなくなること。生物の生活機能が停止すること」などと書かれています。

つまり、肉体が動かなくなってしまうことを、「死」と定義しているわけです。

そして、現在の日本では、その肉体は火葬されて骨だけになってしまいます。

したがって、肉体は消えてなくなりますが、死んだら全て終わりで、自分という存在は消えてなくなってしまうのかというと、そうではありません。

人がこの世で生きてきた足跡は残っていますし、家族や友人、知人たちの記憶にも残っています。

そういう意味では、「記憶の中では生きている」と言ってもいいでしょう。

私がまだ若かったころ、永平寺で修行していたときに、ある偉い老僧から「死」についてこのように言われたことがあります。

「俊道さん、人は死んだら、生前愛した人や大切にした物の中に、『霊魂』となってスーッと入っていく。だから、そういう人や物がないと、入れるところがなくて寂しいぞぉ」

私はこれまで1000件以上の葬儀をさせていただいておりますが、亡くなってあの世から帰ってきたという人に、今まで一人もお会いしたことがありません。

ですので、この老僧の言葉の真偽のほどはわかりませんが、私はこの言葉に非常に大きな感銘を受けて以来、そう信じるようになりました。

死というものに対して得体のしれない恐怖を感じている人も多いと思いますが、たとえ死んだとしても、あなたがまったく無くなってしまうわけではありません。

死は受け入れがたい悲しいことですが、**お茶でいえばお茶っ葉があなたで、その美味しいお茶があなたの子や孫、大事な人たちです。**

そして、その美味しい最高の部分を人々に分け与えて、最後は「出がらし」になると考えてみましょう。

少しは気持ちが楽になるのではないでしょうか？

2

霊魂は存在するのか？

死んだら全てが終わりと考え自暴自棄に生きるのではなく、
世のため、人のために行動して、できることをする。
そうすれば、あの世でも心安らかに過ごすことができるでしょう。

先ほどの老僧の言葉の中に「霊魂」という言葉がありましたが、「霊魂は存在するのか？」という疑問をお持ちの方も多いのではないかと思います。

霊魂があるのかどうかということについて、お釈迦様は「無記」とお答えになっています。「無記」とは、「あるともないとも言わない」ということです。

ただし、次のような話が残っています。

「霊魂はない。死んだら終わり」と言う人には、お釈迦様は「死んだら終わりですね」とお答えになりました。

「霊魂はある。この肉体が滅んでも霊魂となって生き続ける」と言う人には、「そのとおり。霊魂はあります。死んでもあなたは生き続けます」とお答えになりました。

「わかりません」と言う人には、「わかりませんね」とお答えになりました。

形のあるものなら、見たり触ったりして、誰もがその存在を認識できますが、霊魂は万人共通で目にすることができません。

ですから、通常の「ある」「ない」で結論の出せる問題ではないのです。

霊魂については、「あるか、ないか」ではなく、**「霊魂があると信じるか、信じないか」**だと思います。

ちなみに、私は「霊魂はある」と信じています。また、「あってほしい」と切に願っています。特に、父や恩師の死によって、その思いはさらに強くなっています。

もちろん、私にも霊魂を見ることはできません。でも、あると信じて生きるほうが、この世が素晴らしいものになると思います。

たとえば、「霊魂なんてない。死んだら全て終わりなんだから、何をしても関係ないんだ」と欲望のままに行動する人がいたとしたら、どうでしょうか？

そんな人が多くなれば、世の中が良い方向に向かうとは思えません。


一人ひとりが霊魂はあると信じ、あの世で心安らかに過ごすために、世のため、人のために、いつくしみ深く、相手の立場に立って行動するからこそ、この世は進歩し、便利になっていきます。

そして、一人ひとりの行動がもたらす恩恵を、多くの人たちが享受できることになるのです。

3

人の死は、現世での行いと関係があるのか？

世の中には長生きする人もいれば、若くして亡くなる人もいます。

良い行いをすれば長生きするわけでもなければ、悪事を働けば短命に終わるわけでもありません。

でも、だからといって悪いことをしていいということではありません。

世の中には天寿を全うする人もいれば、不幸にも若くして亡くなる人もいます。また、事故や災害、はたまた犯罪に巻き込まれて亡くなる人もいます。

このことを「理不尽」「不公平だ」などと思う人も多いのではないでしょうか。

では、人の死には何か意味があるのでしょうか？

仏教の「無常」の教えによれば、「死に深い意味はない」ということです。

つまり、この世で良い行いをした人が長生きするわけでも、この世で悪事を働いた人が短命なわけでもありません。

そこに理由はないのです。

だとしたら、先ほどお話ししたように、「どんな生き方をしたって関係ないじゃないか」と、欲望のままに行動する人が出てくるかもしれません。

しかし、それは違います。

なぜなら、**「善因善果、悪因悪果の法則」**というものがあるからです。

これは良い行いをすると良い報いが、悪い行いをすると悪い報いがもたらされるという法則です。

しかもこれは、本人だけでなく、子孫の代までもずっと続きます。

だからこそ、悪いことはしてはいけないのです。

より良い人生、より豊かな人生は、自分の行いによってつくりだしていくことができます。

人のために何か良いことをすれば、必ず自分のためにもなるはずです。

難しく考えず、できることから始めてみましょう。

4

人は死んだら、どうなるのか？

死んだらどうなるかは、死んでみないとわかりませんが、
おそらく生まれる前にいた世界に帰っていくのだと思います。
それは目には見えない世界で、耳にも聞こえない世界です。

では、人は死んだらどうなるのでしょうか？

これについては、禅宗の僧侶的に言うと、「死んだときのお楽しみ！」というところでしょうか。

禅問答に次のようなものがあります。

「父母未生以前のお前はどこにいた？」

つまり、「あなたのご両親が生まれる前に、あなたはどこにいたのか？」ということです。

あなたには、この答えがわかりますか？

私の答えは、「どこかにいた」です。

父も母もまだ存在していないのですから、私の身も心も見えないし、聞こえない。

ただ、どこかにいたのです。

それは、葉っぱの上かもしれませんし、庭のサクラの木の中かもしれません。

どこにいたかはわかりませんが、父母という直接の縁を通じてこの世に人間という生を受けたのです。

その確率はなんと2兆分の1といわれています。

まさに生まれてきたこと自体が「奇跡」なのです。


では、人が死んだらどうなるのでしょうか？　おそらく死んだときもきっと、生まれる前にいた世界に帰っていくのではないかと思います。

それは目には見えない世界で、耳にも聞こえない世界です。


曹洞宗では、葬儀のときにお位牌の一番上に梵字で「空」と書きます。

これは、「広く広くもっと広く」という意味で、**死後、私たちは迷い苦しみのこの世を離れ、永遠に円なる世界に行く**ということです。

その下に「新帰元」と書きます。これがまさに、「元在ったところに帰る」ということです。

新井満さんの『千の風になって』ではないですが、私たちは亡くなると物質的には、酸素や水素、チッソやカリウムなどの原子になって空を舞い、風にも、光にも、雪にも、木にもなるのでしょう。

その身を食べられれば、鳥にも虫にもなるのかもしれません。

曹洞宗の僧侶である良寛さんは、辞世の歌でこう詠まれています。

「形見とて何か残さん　春は花　夏ほととぎす　秋はもみじ葉」

私はお金や財産もない貧乏な僧侶で、後に何も残すものなどない。しかし、仏教の考え方では人は皆亡くなると形を変えて生々流転する。私の形見も春の花や夏のほととぎす、秋の紅葉の葉になっていると思ってくださいね、という意味です。

仏教では、このことを「自然法爾《じねんほうに》」といいます。この世の自然とまさに一体化していくという考え方です。

浄土真宗では、自己のはからいを捨てて、阿弥陀様の誓いに全てをお任せすることですが、これはまさに自然にお任せしていくということでしょう。

また、阿弥陀様の光のことをアミターバ（無量光）といいますが、人は亡くなるときに食事が減り、それによって目の網膜の水分が減ってくると光を取り込もうとするので、目の前が明るくなるそうです。

そしてそのときに、自分が信仰しているお釈迦様や観音様、阿弥陀様、亡くなった祖父母や友人、ペットなどが出てくるかどうかは、その人の信仰次第といえるでしょう。

私は生前お世話になった大好きな人たちに、あの世があればぜひまたお会いしたいと願っております。

5

天国や地獄はあるのか？

仏教では、天国や地獄というのは死後の世界ではなく、
あなたの心の中にある世界だと説いています。
心に迷いがあると心が乱れ、心が地獄に落ちてしまいます。
だから、仏教徒は坐禅を組み、修行をするのです。

良い行いをすると天国に召され、悪い行いをすると地獄に落とされる――。

あなたもそんな話を聞いたことがあるのではないでしょうか？

そして、「天国や地獄というのは本当に存在するのか？」と疑問に思っている人も多いと思います。

死んだら地獄があるとか、極楽があるとか悩んでいる人は、言葉に翻弄されているにすぎません。

天国といえばお花畑のような世界で楽しそうなイメージ、地獄といえば針の山や血の池があって苦しそうなイメージで描かれることが多いわけですが、本当にそのような世界が死後に存在するのかどうかは、正直わかりません。

ただ、仏教には「地獄」という言葉は存在しています。

それは**「六道輪廻」**という教えの中の一つにあります。六道輪廻とは、人はこの世での生き方によって「6つの世界」で生まれ変わりを繰り返すというものです。

「六道」とは、

①**天道**……天人の住むような世界。
②**人間道**……人間の世界。
③**修羅**……闘争的な世界。奈良の興福寺に有名な「阿修羅」像があります。
④**畜生**……人間以外の生物の世界。本能のままに生きる世界。
⑤**餓鬼**……人のものを欲しがる世界。
⑥**地獄**……罪悪を犯した者の世界。「地獄」はインドの言葉で「naraka」といいます。
これを日本語読みで漢字に置き換えたのが「奈落」です。


この6つの世界を死後の世界とイメージされる方が多いようですが、「六道輪廻」は現世に生きる、あなたの心の中にある世界です。

人の心はこの「六道」を行き来します。

たとえば、誰かと喧嘩をしているときは、心は修羅の世界に行っており、自分のわがままを押し通しているときは、心が畜生の世界に行っている。

また、誰かのことをうらやましく思ったり、人のものを欲しがったりしているときは、心が餓鬼の世界に行っているといった具合です。

人間である以上、誰でも心の迷いはあるものです。

しかし、迷いがあると心が安定しません。

だから、仏教徒はこうした迷いから逃れるために坐禅を組み、修行をするのです。

ですので、自分の心を落ち着けるためにも、たまに坐禅をしてみることをお勧めしています。

ただ、それができないとしても、「いま自分の心はどの世界に行っているのだろうか？」とときどき振り返ってみるだけでも、自分の心の状態を知ることができ、心を落ち着けるきっかけになります。ぜひ実践してみてください。

次に、天国についてですが、仏教では「極楽」といいます。

極楽が存在するかどうかは、地獄と同じで正直わかりません。しかし、私はあると信じています。信じて修行をしています。

お釈迦様も「信じれば叶う」とおっしゃっています。**信じることが大切なのです。**

「信仰」とは「この世で一番大切なもの」という意味です。

「信」という字は、神や仏の言葉にひれ伏して、身も心も任せるという意味です。

私たち禅宗の僧侶は衣を着けるときに「手巾《しゅきん》」という紐を「水引」のように体に結びます。そこには、自分の体を仏様に差し出すという意味があります。あなたもぜひ、そんな気持ちで信仰されるといいと思います。

大切なものほど、実は目には見えないものです。目に見えるものだけを信じるのではなく、目に見えないものも信じて生きていく。

そこに信仰の「安らぎ」があるのだと思います。

6

自殺をすると成仏できないのか？

自殺をすると残された人たちが自分を責め続けることになります。
だから、仏教では生き物を殺すことだけでなく、
自殺することも禁止しているのです。
この世の中から自殺者がいなくなることを祈るばかりです。

私はこれまで数多くのご葬儀に立ち会ってきましたが、なかには自殺者の葬儀も何度かありました。

これは、本当に辛いです。なぜなら、ご家族や友人たちは、「なんで死なせてしまったのか」と、一生自分を悔いて責め続けることになるからです。

自殺の問題は本当に深刻です。

最近は年間3万人を切り、自殺者が減ったといわれていますが、それでも先進国にしては多すぎます。特に、弱い立場の人間、すなわち子どもやお年寄りに多いことが、この問題の嘆かわしいところです。

自ら命を絶つ人にとって一番のショックは、「自分の居場所や存在価値」が急激に失われることではないでしょうか？

人間はどこから来て、どこへ行くのかわかりません。

だから、しっかりと「あなたがいるだけでいいんだよ」と受け止めてくれる人（他人）が絶対に必要なのです。

自分の存在価値を「ただいるだけいい」と受け止めてくれる人は、多くの場合、家族や友人ということになるのですが、これが失われてしまうと、自殺という道を選びたくなってしまうのでしょう。

しかし、そんなときに便利な存在が、実はお坊さんだと思います。

全国に7万5000ケ寺、約36万人のお坊さんが日本にはいます。ですので、辛いときにはぜひ、近所のお坊さんを訪ねてみてください。近所にいなければ、ネットで人生相談をしているサイトやお寺もたくさんあります。

ちなみに、私の瑞岩寺でも、人生相談、悩み相談を行っています。毎日多くの電話やメールが来ます。時間さえあれば、なるべく対応するようにしていますので、ぜひご活用ください。

自殺したら成仏できないのかどうかは、これまた「わかりません」としか言いようがありません。

前にも書きましたが、お釈迦様の正式見解は、生まれる前の世界についても、死んだ後の世界についても「無記」。つまり、「言わない」とされています。

ただ、仏教の戒律の中で一番に出てくるのは**「不殺生戒」**です。

一番ですから、一番大切なのでしょう。

これは、単に生き物を殺してはいけないということだけでなく、自殺も禁止です。

その理由は、人は一人で存在してはいないからです。

これを仏教では**「諸法無我」**といいます。簡単に言うと、**「みんな繋がっている」**ということです。

だから、もしあなたが自殺をすれば、誰かがきっと悲しむのです。

それは、近所の友人かもしれないし、おばさんかもしれません。少なくとも、私は悲しみます。たとえ、あなたに会ったことがなくても……。

ちなみに、あなたがこの世に生まれてくるために、何人の人の存在が必要だったかご存じでしょうか？

あなたにも両親がいるように、あなたの両親にもそれぞれ両親がいます。このように時代を遡っていくと、約250年前（江戸時代中期）から数えると、なんと1012人もの人たちの存在が必要だったのです。

つまり、あなたの命はあなた一人のものではないということです。

近年、いじめを苦に自殺する子どもたちが増えていますが、いじめを苦に自殺した子の「魂」がどうなるかは、私にはわかりません。

一方、いじめた側の子に何か天罰があるのかどうか？

これも誰にもわかりません。ただ、いじめた側の子どもが、自分の責任として「自覚」をすれば、その子は一生その「因果」に苦しむかもしれません。ただ、これは人によるでしょう。

逆に、そのことを悔いて改心し、自分の一生を自殺防止センターなどで「相談員」として昇華させた人生を送るかもしれませんし、災難にあった方々へのボランティアに精を出すかもしれません。

いずれにしても、この世の中から自殺者がいなくなることを祈るばかりです。

これは私の想像ですが、お釈迦様は「自殺すると成仏できないかもしれないから、自殺するのはやめなさい」と言って、あえて止めておられるのだと思います。

7

なぜ、人は死を恐れるのか？

死に対して恐怖や不安を感じるのは当然です。
ただ、それを少しでも和らげる方法はあります。
それが宗教で、仏教の教えに沿って、学び、生きていれば、
死に直面したとしても、「心安らかに」なれるのです。

あなたは死ぬのが怖いですか？　そう聞くと、多くの人が「怖い」と答えます。

なぜでしょう？

それは、**死んだらどうなるのかがわからない**からです。


人はわからないものに対して恐怖を感じるものです。

「幽霊の正体見たり枯れ尾花」という諺《ことわざ》がありますが、正体がわからないという点では、死に対する恐怖も、まさにこれと同じといえるかもしれませんね。

死後の世界を見てきた人はいませんので、わからないものに対する恐怖は、この先時代がどう変わろうとも消えることはないと思います。


ただ、そのような恐怖や不安を、少しでも和らげる方法はあります。

それが宗教で、私は宗教というのはそのためにあるのだと思っています。


また、私はどんな時代になっても宗教はなくならないと思っています。なぜなら、人がいる限り、そこには心があり、心がある限り迷いは生じるものだからです。

そして、その迷える心を正しい方向に導き、苦しい人生であっても、安心を与えるのが宗教の役目だと信じています。

たとえば、仏教の教えに沿って、学び、生きていれば、死に直面したとしても、大きな苦しみや悲しみをある程度受け入れて、「心安らかに」なれるのではないでしょうか。

お釈迦様が悟られた4つの真理のひとつに「**一切皆苦**」というのがあります。

これは簡単に言うと「**人生は自分の思いどおりにならない**」ということです。つまり、人生というのは「苦しい」ものであるということです。

私たちは、目の前に何か障害物が現れると、「なんでうまくいかないんだ」「どうしてこうなっちゃうの」と、自分の置かれた状況に怒りや不安をおぼえます。

しかし、そういうものなのだとお釈迦様はおっしゃいます。人生は、「うまくいかなくて当たり前」なのです。

「死を宣告された生をどう生きるか？」というのは仏教の根本的なテーマです。

死期を宣告された人の、その後の生は壮絶です。

お釈迦様は、「生きることの苦しみを自覚せよ。それが悟りへの第一歩だ」と繰り返しておられますが、「まだまだ生きられる」と思って安心している人には、その声はなかなか届きません。

生きることの一瞬一瞬が苦だという思いは、自分の前に突然、死が立ちはだかったときに、はじめて身に迫ってきます。

しかし、そのときに何の準備もしていないと、その場になって「死にたくない！」と大きな苦しみを味わうことになるでしょう。

ですので、そうならないためにも、いつか必ずやってくる「死」というものを意識しながら生きていくことが大切なのです。

死に対する心の準備ができていれば、それに対する恐怖や不安もおのずとなくなるはずです。

それを「生死事大無常迅速」といいます。

8

人は死ぬとき、「お迎え」があるのか？

「お迎え」があるかどうかは正直わかりません。
しかし、私たち宗教者はそれを信じて生きています。
誰がお迎えに来てくれるかは、あなたの信仰次第です。

映画やドラマなどで、人が亡くなるとき、ご先祖様やお釈迦様がお迎えに来てくれるシーンが描かれることがありますが、これは本当なのでしょうか？

そんな疑問をお持ちの方も多いと思います。

これについても「わからない」というのが正直なところです。あの世を見てきた人は誰一人おりませんし、原理的に証明不可能です。なぜなら、死んだ本人がここにいるわけではないので、証明することができないからです。

禅宗的には、死んだときの「お楽しみ」といったところかもしれません。


ただ、私たち宗教者は、それを信じています。あるかないかはわからないけれど、それを大切に「信じている」ということなのです。


とはいえ、医学的な「臨死体験」については、ジャーナリストの立花隆氏が世界中で検証されたものを、『臨死体験』という著書にまとめてくださっています。

それによると、どこの国の人も、まず暗いトンネルを通り、それを通り抜けた先に光の世界が広がるのだそうです。

その後は、お花畑があったり、白い象が出てきたり、阿弥陀様が出てきたり、観音様が出てきたりと、お国柄や信じる宗教によって差がありますが、どこの国でも「暗いトンネルを通って光の世界に出る」というのは共通しているようです。

では、なぜこのような現象が起こるのでしょうか?

生理学的には、まず死の直前というのは酸欠状態になります。酸欠になると、酸欠に強い細胞だけが活性化します。なかでも網膜にある円錐細胞（光をカラーで感じる細胞）が非常に酸欠に強いそうで、身体が弱って酸欠状態になったときに、光だけがやけに強く感じる体験をするのではないかといわれています。

では、「暗いトンネル」とは何なのでしょうか?

これは私の想像ですが、おそらくお母さんのおなかから生まれてくるときに通ってきた「産道」で、そこを経て、生まれてきた場所に帰っていくイメージなのでしょう。

曹洞宗では葬儀のお位牌の上に「新帰元」と書くのですが、これはそういう意味なのかもしれません。

私が中学生のとき、大好きな理科の先生が校庭のサクラが満開の4月のある日、おもしろい質問を生徒にしました。

「さて、この満開のサクラの花は、昨年の冬の間一体どこにあったのでしょう？」

生徒たちは、「サクラの幹の中にあった」とか、「地中深くの根にあった」など、思い思いの答えを出していました。

すると、先生は校庭に生徒を集め、いきなりサクラの枝を折り、地中の根も掘って出して見せたのです。

そこには、サクラのもとも、影も形もありませんでした。結局、その授業では答えを言わずに、自分たちで考えるようにと諭され、授業は終わりました。

今振り返っても、こういう授業こそが30年以上たった今でも印象に残っています。

さて、われわれ曹洞宗では坐禅中に「公案」は使用しませんが、同じ禅宗の臨済宗では使用します。「公案」とは、指導者が弟子を悟りに導くために与える「問い」です。

その中にこういう有名な公案があります。

「父母未生以前の本来の面目は？」

これは「あなたの父親母親が生まれる前に、あなたは一体どこにいたのだ？」という質問です。あなたならどう答えますか？

公案の答えは一つではありませんし、個々の修行の段階によっても差異があるでしょう。

私の答えはこうです。

「父母が存在する以前の私は形になっていませんし、目には見えません。もしかすると、誰か他人だったかもしれませんし、野に咲く花だったかもしれません。また、頬をなでる風だったかもしれませんし、鳥だったかも、雪だったかもしれません。

ただ、目には見えないかもしれませんが、どこかには厳然と存在していました。大きな宇宙の中にある、地球という自然の「いのちの流れ」の中にあったのではないでしょうか？」

お位牌の「新帰元（新しく元へ帰る）」とは、母のような安心できる元の場所に帰りたいという私たちの願いなのかもしれません。

そう思い信じると、道端に生えている何気ない花もいとおしく思えてくるのは、私だけではないでしょう。

中学のときの理科の先生もそんなことを考えてほしくて、最後まで答えを言わなかったのかもしれません。

第2章

悔いなく生きるために

1

人は何のために生まれてきたのか？

人がこの世に生まれてくることに特別な意味はありません。
たまたまこの世に生まれてきただけで、
生まれてきた理由は後から自分で見つけ、
価値あるものにしていくことが大切なのです。

「人は何のために生まれてきたのですか?」

よく聞かれる質問ですが、お釈迦様はこの問題にも「無記」としています。つまり、何も答えない。答えようがないということです。


私は生まれてくることに特別な意味はないと思っています。

たまたまこの世に生まれてきただけで、生まれてきた理由は後から自分で見つけていくものだと思うのです。

「私たちは修行するために生まれてきた」という人がいますが、これは後付けの理論であって、本当かどうかは誰にもわからないのです。

私たちは親を選べません。

生まれてくる国も選べません。

そこに生まれてきた特別な意味はないのです。

人間の細胞で一番大きいのは卵子です。

この卵子に精子が結合することによって、卵子は爆発的に細胞分裂を行います。

たった3カ月で、100億倍にも増えるのです。

これを仏教では、**「赤白の一滴」**と呼んでいます。

私たちの性格や肉体そのもの、将来どんな病気になるかは全て父親と母親の遺伝子に組み込まれています。

私たちはこの世に生を受けるのですが、生まれてきた理由がないからこそ、生まれてきてからその意味を探さなければいけないのです。

お釈迦様は生まれてきた理由については何も語られていませんが、どう生きればいいのかということについては、たくさんの教えを残してくださっています。

その一つが、「天上天下《てんじょうてんげ》唯我独尊《ゆいがどくそん》、三界皆苦《さんがいかいく》我当度之《がとうどし》」という言葉です。

この言葉は、お釈迦様が生まれてすぐに7歩あゆみ、おっしゃったとされているものです。

「天上天下唯我独尊」という言葉は、「この世で自分が一番偉い」というような意味だと思っている人も多いようですが、それは大きな間違いです。

正しい意味は、「私たち一人ひとりが尊い存在であり、この世の困難や障害を取り除くことができる」ということなのです。

私たちがこの世の中に生まれてくるのは、奇跡に近い、「有り難い」ことです。そのことをきちんと胸に刻み、自分を大切にし、同時に人も大切にしながら生きていくことが重要なのです。

私たちが良い人生を送ったかどうかは、自分が決めるのではなく、周りの人たちが決めます。

自分で勝手に銅像を建てる人はいません。坂本龍馬の銅像も、周りの人たちがその人生をたたえて造りました。

良い人生とは、感謝される生き方です。

このようにお釈迦様の教えは、「苦しみ」の中でどのように生きていくのかという「正しい生き方」を教えてくれるものなのです。

2

「罰が当たると地獄に落ちる」は本当なのか？

死後の世界をあれこれ想像しても、
本当のところは誰にもわかりません。
大事なのは、悔いのないように、
この世を一生懸命生きることではないでしょうか。

これまで「死」についてさまざまな角度から紹介してきたわけですが、結局のところ、死後の世界というものがあるのかないのかは、正直、誰にもわかりません。巷《ちまた》では、死後の世界について、いろいろなことがいわれていますが、その真偽のほどは誰にもわからないのです。

お釈迦様が死後の世界について何も語られなかったのは、お釈迦様でもわからなかったのか、あえて語らなかったのかはわかりません。

しかし、私が想像するに、お釈迦様はおそらく「この世を悔いのないように一生懸命生きることが大事だ！」とおっしゃりたかったのではないかと思っています。

「罰《ばち》が当たると地獄に落ちる」とよく言いますが、これは「方便」だと思います。

「嘘も方便」と言いますが、お釈迦様は良き方向に導くときだけに限って、「方便」の使用を認めました。つまり、「罰が当たると地獄に落ちる」と言うことで、徳のない行動をする人を、徳を積むような行動に導くための方便だと思います。

実際、地獄も極楽も誰かが見たわけでも、実際に行ったわけでもありません。まさに観念なわけですが、想像の中で地獄と極楽の生活を描いた「地獄図」と「極楽図」に同じ場面が描かれているものがあります。

両方とも食事中の風景を描いた絵なのですが、地獄と極楽に共通しているのは、みんな2メートルくらいの長い箸を使っているということです。

ところが、地獄では食べようとしても箸が長すぎて食べ物をうまく口に運べず、みんな痩せ細っているのに対し、極楽ではみんなニコニコして満腹そうなのです。

同じ料理があって、同じ長い箸を使っているのに、なぜこのような違いが生じるのか、あなたはわかりますか？

その答えは、箸の使い方にあったのです。

地獄図では、長い箸を使ってわれ先に料理を取り、自分の口に運ぼうとするのですが、箸が長すぎて口に運べないわけです。

ところが、極楽図では、長い箸を使って料理を取り、それを相手に食べさせてあげているのです。だから、みんなニコニコしているのです。

これこそ、「どのように生きるのがいいのか？」という方便だといえるでしょう。

しかしながら、方便とはいえ、あなたは地獄と極楽、どちらの世界で生きたいですか？

3

「死んだら極楽に行きたい」なら、どうすればいいか？

人は誰でも「仏性（仏になる種）」を持っています。
しかし、寝てばかりで怠けていては咲きません。
それなりに精進し、努力してこそ、
きれいに花を咲かせることができるのです。

仏教では、どんな人にも「仏性（仏になる種）」があると教えています。しかし、それは寝てばかりで怠けていては咲きません。それなりに精進し、努力してこそ咲くのです。

根っから悪い人はいません。赤ちゃんのときから、悪事を企てている人はいませんよね。

全て、「因縁」です。「因」とは直接の原因で、「縁」とは間接の原因です。これが人の人生に影響を与えるのです。

というより、因縁は人生そのものです。だからこそ、良い「縁」を結ばなければならないのです。

ある禅宗の偉い僧侶の教誨師（刑務所などで受刑者に教えを説く仕事）の方が、受刑者を前に一言もしゃべらず、「因縁が悪うござんしたね。因縁が悪うござんしたね」と、大粒の涙を流しながら説法をされたと聞いたことがあります。

一休禅師も、次の歌で同じことを説かれています。

極楽は西方《さいほう》のみかは
東にも北道《きたみち》（＝来た路）さがせ
南《みなみ》（＝皆身）にぞある

この意味は、極楽は西のほうにだけあるものではなく、東にもあるし、北にも南にもどこにでもあるということです。

また、一休禅師は「北道《きたみち》」を「来《き》た路《みち》」と掛けることで、自分の来た路を振り返れば、これから行き着く先ははっきりと見えてくると説いています。

さらに、「南」を「皆身《みなみ》」に掛けることで、極楽は各々《おのおの》の心の内にあるということを説かれているのです。

道元禅師も次のような歌を詠まれています。

極楽は眉毛《まゆげ》の上のつるしもの
あまり近さに見つけざりけり

これも極楽は自分の中にあるということを説いた歌です。
つまり、心の在り方が大事だということです。

4

よく生きるためには、どうすればいいのか？

農土を放っておくと荒れ地になるように、
心も野放しにしておくと、駄目になってしまいます。
しかし、悩みや苦しみもよく耕せば、
それが幸福のもとになり得るのです。

もう一つ、お釈迦様の逸話をご紹介しておきましょう。

お釈迦様がある農村で説法をしていたときのことです。

その村は仏教に敵対意識を持つバラモン教の盛んな村で、一人の農民がお釈迦様を冷やかして次のように言いました。

「ご出家よ、布教も結構だけれども、いまこの農村は、ご覧の通り猫の手も借りたいほどの農繁期だ。そんな説法などやめて、田んぼを耕してくれたほうが皆助かるんだ」

これに答えて、お釈迦様は言いました。

「私も耕しています。あなた方の心を、私も耕しているのです」

怪訝《けげん》な顔をする農民にお釈迦様は続けました。

「農土を放っておくと荒れ地になる。雑草もそのままにしておけば害をなしますが、抜いて土に埋めておけば立派な肥料になります。

同じように、私たちも心を野放しにしておくと人間を駄目にしてしまいますが、煩悩をよく耕して心に漬け込んでいくと、悟りの肥やしになるのです」

悩みや苦しみもよく耕せば、それが幸福の元《もと》になり得るということです。

仏教の基本中の基本が、「良いことをして、悪いことをしない」ということです。

仏教には「七仏通戒《しちぶつつうかい》の偈《げ》」と呼ばれる短い偈文《げもん》があります。

七仏とは、仏教の創始者であるお釈迦様の以前に存在したとされる6人の仏に、お釈迦様を足した7人の仏のことで、この7人の仏が同じことを説いたとされているのが、「七仏通戒の偈」です。

内容は次の通りです。

諸悪莫作《しょあくまくさ》
衆善奉行《しゅうぜんぶぎょう》
自浄其意《じじょうごい》
是諸仏教《ぜしょぶつきょう》

意味は次の通りです。

もろもろの悪を作《な》すこと莫《な》く、
もろもろの善を奉行し、
自らその意《こころ》を浄《きよ》くする。
これがもろもろの仏の教えなり。

つまり、お釈迦様が誕生するずっと前から、仏教では「悪いことはせず、良いことをしなさい」と説いていたのです。

5

この世で「してはいけない」こととは？

仏教では、守るべきこととして「十」の戒律を定めています。
これらは守れそうで守れないことばかりですが、
この戒律を守って生きることが、死後にも影響するのです。

では、悪いこととは何なのでしょうか？

先ほど「自殺」のところで、仏教の戒律の中で一番に出てくるのは「不殺生戒」であると書きましたが、この戒律には続きがあり、全部で十の戒律があります。

それを仏教では「**十善戒**」といいます。

①**不《ふ》殺生《せっしょう》**……むやみに生き物を傷つけない
②**不《ふ》偸盗《ちゅうとう》**……ものを盗まない
③**不《ふ》邪淫《じゃいん》**……男女の道を乱さない
④**不《ふ》妄語《もうご》**……嘘をつかない
⑤**不《ふ》綺語《きご》**……無意味なおしゃべりをしない
⑥**不《ふ》悪口《あっく》**……乱暴な言葉を使わない
⑦**不《ふ》両舌《りょうぜつ》**……筋の通らないことを言わない
⑧**不《ふ》慳貪《けんどん》**……欲深いことをしない
⑨**不《ふ》瞋恚《しんに》**……耐え忍んで怒らない
⑩**不《ふ》邪見《じゃけん》**……間違った考え方をしない

これらの戒律は、人が守れそうで守れないことばかりです。

だからこそ、仏教ではあえて禁止しているのです。

これらのことを意識することなく自然にできる人が「聖人」とか「高僧」と呼ばれるのは、納得のいくところでしょう。

私たちもこのような生き方をしたいものです。


ちなみに、檀家さんの中には、毎年法事をする家族もあれば、三回忌以降はまったく法事をやらない家族もあります。

この両者の違いは何なのでしょうか?

やはり**生前とても家族に尽くしていた人は、家族が毎年法事をしてくれます。**

逆に、家族をないがしろにして自分のことばかりやっていた人は、法事はやってもらえません。

要するに、その故人が生前どのように過ごしてきたかという問題なのです。


また、お釈迦様は欲の深い人に、次のように言いました。

「あの世に持っていけるものは何もない。

立派な家も、たくさんの財宝も金銀も、大切な家族も孫たちもあの世には持っていくことはできない。

しかし、ただ一つだけ持っていけるものがある。

それは、なんだかわかるか？」


あの世に唯一持っていけるものは何なのか、あなたはわかりますか？

お釈迦様の答えはこうです。


「それは、あなたがこの世で行った良いこと、悪いことの全てである」


つまり、この世の行いが死後にも影響するというわけです。

だからこそ、この世での行いが大事なのです。

6

「人生で一番大切なこと」とは？

人に喜びを与え、人から喜ばれる存在になれば、「自分は世の中の人から必要とされている」という自己肯定感をずっと味わうことができます。

それが幸福ということではないでしょうか。

悔いのない人生を送るためには、どう生きるかがすごく大切なわけですが、生き方についてのお釈迦様の逸話をご紹介しましょう。

あるとき弟子のひとりがお釈迦様にこう尋ねました。

「人生で一番大切なことは何でしょうか？」

すると、お釈迦様は次のように答えました。

「あそこにいる赤ん坊を見てごらん。生まれて間もない赤ん坊だ。

村人たちはみんな赤ん坊の顔を見て、心をなごませている。

みんな微笑みを浮かべている。それは、あの赤ん坊が可愛いからだ。

赤ん坊は可愛さを通してみんなに喜びを与えているのだ。

そう、あの赤ん坊はみんなに喜びを与えるために生まれてきたのだ。

その使命は、あの赤ん坊が年老いて死ぬまで続く。

つまり、人間はみんな、人に喜びを与えるために生まれてきたのだ」

赤ん坊ならではの可愛さがなくなっても、人はそれぞれの年代ごとに人に喜びを与える方法や、その人にしかできない「役割」というものがあるということではないでしょうか。

お釈迦様のこの教えは、人間の在り方の本質を突いていると言っていいでしょう。人に喜びを与え、人から喜ばれる存在になれば、「自分は世の中の人から必要とされている」という実感がこみあげてきます。

「なすべきときに、なすべきことをしている」という充実感を味わうことができます。

それは一過性のものではありません。

今日、人から喜ばれた人は、明日も明後日も人から喜ばれたくなるでしょう。

そして、そのために行動するでしょう。

そうなれば「自分は世の中の人から必要とされている」という自己肯定感をずっと味わうことができます。

それが幸福ということではないでしょうか。

そういう生き方をしたいものです。

7

「何をやってもうまくいかない」と感じたら？

人生とは「苦しいもの」です。
ですから、そんな苦しい人生を生きているだけでも、本当にすごいことなのです。
その考えが根底にあれば、あとは上がるだけなのです。

長い人生の中には、一生懸命生きているつもりでも、うまくいかないことはたくさんあります。

「なんで私ばっかりこんな目に遭うんだろう?」と思った経験のある人も多いと思います。ときには他人をうらやましく思ったりすることもあるでしょう。

これについては42ページにも書きましたが、お釈迦様は**「一切皆苦」**とおっしゃっています。

つまり、「人生とは自分の思いどおりにならないもの」「人生は苦しいもの」であるということです。

ですから、そんな苦しい人生を生きているだけでも、本当にすごいことなのです。

あなたは自分の心臓を自分で動かしたり、止めたりできますか?

できませんよね。

自分だけで生きているつもりでも、私たちは、過去の多くの命のおかげで生かされているのです。

自分の手をよく見つめてみてください。

お父さんやお母さん、お爺さんやお婆さんの手にどことなく似ていませんか？

あなたの命は、あなたの両親やご先祖様からもらった大切な命なのです。粗末にしてはいけません。


根底に「人生は苦である」という考え方があれば、あとは上がるだけです。

一歩ずつ進むしかありません。

他人をうらやんでも仕方がありません。うまくいっているように見える他の人たちは、あなたよりほんの少し努力したのかもしれません。

また、今のあなたは、まだ芽が出ていないだけかもしれません。


信じることです。

努力することです。

望まないことです。

感謝することです。

実は、人間の喜びも苦しみも、全て自分がつくりだしています。
今をどう感じるかは、自分次第です。
ひとり静かに坐って、鳥のささやく声に耳をすませてください。
お香の匂いを楽しんでください。
ろうそくのゆらぎに同調してみてください。
きれいな朝焼けを感じてください。
きれいな草花を感じてください。
心臓の鼓動を感じてみてください。
今、あなたに命があることを感じてください。
きっと生きる気力が湧いてくるはずです。

第3章

執着を捨て、おだやかな人生をおくる

1

理由もなく、将来に不安を感じたらどうすればいい？

私も不安になることはありますが、そんなときは不安を一つの思考として捉え、受け流すようにしています。

不安な気持ちも、やがては移り変わるものですから、あまり気にしても仕方がないのです。

世の中には、心配性の人がたくさんいます。

あなたはどうですか？

仕事のことや将来のことなどで、漠然とした不安を感じたことはありませんか？

年をとると、「死」に対する漠然とした不安や恐怖が急に襲ってくるようになります。


不安を感じる原因の一つは、前にも書いたように「わからない」ことへの恐怖です。

死んだらどうなってしまうのかがわからないから、不安を感じてしまうのです。

しかし、死後の世界は誰にもわかりません。お釈迦様でもわかりません。だから、あれこれ考えても仕方がないのです。


では、不安を感じたときは、どうすればいいのでしょうか？

それは受け流すことです。

私も不安になることはあります。しかし、そんなときは坐禅を組み、「そういう考え方もあるなあ」と、不安を一つの思考として捉え、そして受け流すようにしています。

お釈迦様が「四法印」の最初で説かれているように、世の中の物事は全て**「諸行無常」**です。良いことも悪いことも全て移り変わるものです。

自分の気持ちも、例外ではありません。不安な気持ちもやがては移り変わるものなのですから、あまり気にしても仕方がないのです。


それでも死に対する不安が消えないようなら、不安の原因を突き詰めて考えてみましょう。

漠然とした不安なのか？

自分が死んだ後の家族のことが心配なのか？

もし、不安の原因が後者であれば、残された家族のために、今自分ができることをやることで不安は解消されるでしょう。


ちなみに、私は毎年元旦に遺言書を書くようにしています。

遺言書を書くことで自分の心が整理され、自分が死んだ後の心配事もなくなります。最近はエンディングノートも流行《はや》っています。これなら遺言書ほど堅苦しくないので、自分が死んだ後のことが気になる人は、一度自分の心を整理する意味でもエンディングノートを書いてみるといいでしょう。

自分の心の中にあるモヤモヤとしたものを、きちんと言葉にして紙に書き出すことで、自分の心が整理されます。さらに、書き出すことによって、自分が何をすればいいのか、どんな準備をしておけばいいのかが明確になります。

そうすれば、あとはそれをやるだけです。

やるべきことがたくさん出てきた人は、不安になったり迷ったりしている暇がなくなるかもしれませんね。

2

なかなか執着を捨てられないときは?

人は生きているかぎり、さまざまな執着を抱いています。
何にも執着しない生き方が簡単にできる人はそうそういません。
だからこそ、なかなか執着を捨てられないときは、
坐禅を組んでみるといいと思います。

人間、生きていると、本当に悩みは尽きないものです。

できれば、あの世に逝く前に悩み事は全て解決しておきたいものですが、なかなかそうはいかないのが現実でしょう。


悩みについては、お釈迦様は次のようにおっしゃっています。

「子があるものは子で悩む。

牛があるものは牛で悩む。

執着に値するものは人間にとっては悩みです。

無執着の人に悩みはない」


人は何かに執着（私たちは「しゅうじゃく」と読みます）するから悩むのであって、何にも執着していない人には悩みはないということです。

執着とは「こだわり」や「我」のことですが、何にも執着しない生き方が簡単にできる人はそうそういません。

なぜなら、そんな生き方ができる人は、すでに「悟り」を開いた人だからです。

禅宗では、坐禅を組み、執着を捨てると、悟りが得られるとしています。ですので、**なかなか執着を捨てられない人は、坐禅を組んでみるといいと思います。**

曹洞宗の開祖道元禅師様は、中国の天童寺で修行をされたときに、「身心脱落　脱落身心」と悟りの境地をお示しになられました。

自分という一個の人間の煩悩がすっかり抜け落ちて、静寂の池に満月が映るような清浄な境地に至られたのではないでしょうか。

人が悟ったかどうかは、本人しかわかりません。悟ったならば、その後のその人の言動がまさに大きく変わる必要があります。そうでなければ、周りの人々が「あの人は確かに悟ったようだ」と言うことにはならないからです。

また、仏教に**「喜捨」**という言葉があります。「喜んで捨てる」という意味です。といっても、なんでもかんでもポイポイ、モノを捨てることではありません。喜んで捨てていただきたいのは「執着」です。

人は生きているかぎり、多かれ少なかれ、さまざまな執着を抱いています。

なかでも、多くの人が執着しているのは「お金」ではないでしょうか。

お金はなくても困りますが、ありすぎても困るものです。

資産家の人が亡くなった後、相続でもめて兄弟姉妹の仲が悪くなったというのは、よく聞く話です。

実は、私が行うお葬式でもたまにあることですが、お葬式の後、控室ですでに、遺産の「相続」が「争続」になっていた家族がたくさんあります。

ある家族の場合、80代の男性の遺産を、60代の子どもたち3人が、それぞれ「現金がいい」とか「土地がいい」とか主張し合い、それはそれはみっともないものでした。

結局、この家族は四十九日の法要に、長男家族しか来られませんでした。相続でもめてしまうと、たとえ親兄弟でも顔も見たくなくなるのです。

そんなことにならないためにも、遺言書は絶対に作成しておくべきでしょう。遺言書を作成しておくだけで、大きな肩の荷を一つおろした気分になるものです。

子どもたちに過分な財産を残したくなければ、どこかに寄付するという方法もあります。

ただし、寄付するときに注意しなければいけないのが、喜捨の心で寄付しているかどうかです。お金に念（心）を残したまま寄付してしまうと、後から「取られた」という気持ちになったり、「やっぱり寄付しなければよかった」という気持ちになったりすることもあるからです。

お釈迦様の教えに、「等三輪空寂《とうさんりんくうじゃく》」というものがあります。これは「人に何かを与えるときは、与える人、与えられる人、与えるものに執着してはいけない」ということです。

もちろんお金のことだけではなく、誰かにものをあげたり、誰かのために何かをしたりするときも同じです。

「これだけしてあげたのだから、このくらいはしてくれるよね？」と、自分の行為に見返りを求めて執着しているうちは、なかなか心が安らかにならないものです。

「相手が喜んでくれるなら、それで十分。それ以上は期待しない」くらいの気持ちのほうが、自分の行為を素直に楽しめますし、気持ちが晴れやかになり、うれしくなってきます。

なかなか執着を捨てられないという人は、喜捨の心を意識しながら生きてみてはいかがでしょうか？

3

どうしようもなく不安になったら？

緊張しすぎや、不安感や、心配で心の中がいっぱいの状態では、
良い答えも行動する勇気も湧いてきません。
楽観主義に支えられた積極性を心に常駐させる工夫が、
成功、健康、富、愛情などを手にする黄金のカギなのです。

仏教の教えをひと言でいうと、「諦める」ということです。諦めると不安がなくなります。

この「諦める」は、私たちが普段使っている「諦める」とは違います。

仏教では「明らかでないこと」を「無明《むみょう》」と言います。これがあらゆる悩み、つまり煩悩の原因になっているのです。

「病む」「老いる」「死ぬ」……。

このような恐怖があるから人は苦しみます。

悩み（煩悩）はなくなればいいのではありません。

そこに執着しなければよいのです。執着するから苦しいのです。

全ての物事に執着しなくなると「悩み」が「悩み」ではなくなるのです。

とんちで有名な一休和尚の遺言がおもしろいです。

一休和尚は亡くなるときに巻物を寺の弟子たちに残しました。

「この先、本当に困ることがあったら、これを開けなさい」と言い残しました。

何年かたって、寺に大変な難題が持ち上り、どうしようもないので、弟子たちが集まって、その封書を開いてみると、そこには「大丈夫、心配するな、なんとかなる」とだけ書いてありました。
途端に弟子たち一同が、大笑いのうちに落ち着きと勇気と明るさを取り戻し、難しい問題を解決できた、という話です。

緊張しすぎや、不安感や、心配で心の中がいっぱいの状態では、良い答えも行動する勇気も湧いてきません。
「大丈夫、心配するな、なんとかなる」という、楽観主義に支えられた積極性を心に常駐させる工夫が、成功、健康、富、愛情などを手にする黄金のカギであるのは間違いないようです。

小坊主の一休さんは、大人たちが次々と突きつけてくる難問を、少しも騒がず抜群の集中力ととんちですーっと切り抜けます。彼は今から600年以上前に生まれ、87歳という、当時としては桁外れの長生きをしました。

さすがの一休和尚も、「平常心でいられない」「楽しめない」「ばく然とした不安がある」「焦りを感じる」「なんとなく無気力で元気がない」等々、人生の苦しみ、悩みにさいなまれた時期がありました。

けれども「不思善悪《ふしぜんなく》」、物事の善しあしに、あまり厳しくこだわりすぎない、ありのままをありのままに見てしまう、常に気を楽にするということを悟ったようです。

気分を楽にすると、必ず同時に元気が湧いてきます。勇気が湧いてきます。積極性が湧いてきます。不安や心配や、焦りの中では決して生まれない知恵や創造力が、気分を楽にしたときに湧き出てきます。難問が難問に見えなくなります。

心配をやめた途端に健康がもたらされます。その後の一休和尚は終始リラックスした心持ちで、晴れ晴れとした気分で、やっかいな問題を料理し、自由自在な行動や、とんちを終生、発揮し続けたといわれています。

たとえば、お金を稼ぎたい人は、これでもかとお金を稼ぐことに執着するから、そこにいろいろな悩みが生じるのです。

お金はたくさん持っていてもかまいません。持っていても執着しないことが大事なのです。

病気になっても、それを受け入れなければなりません。

病気になっても仕方がないと思うこと。それが受け入れることであり、執着しないことなのです。


受け入れられない人ほど、苦しみがどんどん拡大していきます。

それが病を重くしたり、自分の心の重荷になったり、周りの人に迷惑をかけたりします。

仏教の教えである「無明」を受け入れることが必要なのです。


人が亡くなるということは、この世で築いたお金、家、株、車、宝石など、全てをこの世に残してあの世に行くということです。

お釈迦様は「あの世に持っていけるのは、この世で行った良いことと悪いことだけ」と言っています。

ちなみに、財産のない家ではこのような争い事はほとんど起こりません。

子どもたちは心から自分の肉親の死を悲しみ、兄弟姉妹、手を取り合いながら、支え合って生きていくことを誓います。

このような参列者を見ていると、はたしてお金があることが人として幸せなのか、と考えさせられてしまいます。

4

子どものことが気がかりで仕方がないときは？

自分が死んだ後に子どもがどうなってしまうのか、気がかりな人も多いのではないでしょうか。

もし、あなたの子どもが自立できていないとしたら、まずはあなた自身が子どもから自立することです。

自分が死んだ後に子どもがどうなってしまうのか、気がかりで仕方がないという人も多いのではないでしょうか。

特に、お子さんが経済的に自立できていなかったり、引きこもっていたりすると、心配の種は尽きないものです。

子どもが自立できないという話をよく聞きますが、その原因の多くは、親が子離れできていないことにあります。

ですから、もしあなたの子どもが自立できていないとしたら、まずは、あなた自身が子どもから自立することを考えることです。

私の知り合いに、こういう親子がいました。

親が70代で、息子は40代。その息子は10年前に会社を辞めたきり、なかなか再就職しません。

何年か前にビデオショップのアルバイトを始めたのですが、３日で辞めてしまいました。

それからは家に引きこもってゲームをしたり、コミックを読んだり、スマホを1日何時間もいじったりしています。

もちろん、恋人もいませんし、友人と呼べる人もいないようです。

親としては自分がこの世を去ってしまった後、子どもがどうなるのか、とても心配ですよね。

こんなとき、子どもからスマホを取り上げたり、テレビを取り上げたりすると、逆効果になってしまいます。

子どものほうが力が強いので、暴力をふるわれたお母さんもいます。

また、勝手に財布の中からカードを抜かれ、使われてしまったケースもあります。

こんなことになってしまうのは、親が常に子どもにへばりついていることが問題なのです。

あなたは甘やかしていないと思っていても、三食、子どものためにご飯を作っていること自体が甘やかしなのです。

前述のお母さんは、働かない子どもに、年金の半分の5万円を毎月お小遣いとして渡していました。

寝るところがあり、三食付いて、お小遣いまでもらえる環境にしてしまっては、子どもが成長する機会を奪ってしまいます。

何もしない子どもを育てることになってしまいます。

このような子どもをつくってしまう原因は、親が子どもを信じていないからです。

「この子は私がいないと生活できない」と思い込んでいるのです。これは母親の責任が大です。

もし、あなたが本当に子どもを自立させたいと思うなら、あなたが家を出ましょう。

お釈迦様のお弟子さんで阿難《あなん》という高僧がいますが、彼は「お釈迦様がいなくなったら、どのように生きていったらいいかわかりません」と不安を口にしました。

すると、お釈迦様は「点滴、石を穿《うが》つ」の教えを説きました。

一滴の水でも、継続することによって石に穴が開くように、自分自身を信じなさいという教えです。
ですから、親は息子を見放すのではなく、息子の生きる力を信じて、自ら家を出ていくことも必要なのです。

今はこのような引きこもりの子どもたちを救う専門機関もありますので、そこに相談する方法もあります。

家を出るときには、子どもに対してきちんとメッセージを伝えることです。できれば、想いを込めた長い手紙を書きましょう。

- あなたの未来のために自分が家を出ること
- あなたの成長を見守っていること
- あなたの生きる力を信じていること
- 就職したり、結婚したりして、生きる力を身につけてほしいこと
- しかし、この先、絶対にお金は援助しないこと

これらのことを伝えることが大事なのです。

「一人で自立するまで帰ってきません。あなたを信じています」ということを簡潔に伝えてください。

母親の真剣な気持ちは、必ず息子に伝わります。

ただし、この作戦を決行する場合は、専門家に相談しながら、息子が自暴自棄にならないように安全に行ってください。

5

残された家族を苦しめないためには？

自分の死後、残された家族を苦しめないためには、
手段はなんでもいいので、
とにかく自分の思いをメッセージとして、
伝えたい相手にきちんと伝えておくことが大切です。

自分の死後、残された家族が相続でもめないために、遺言書を作成しておくことも大事ですが、それ以上に大事なのが、自分の思いをきちんと伝えておくことです。

面と向かって言うのが恥ずかしければ、手紙を書いてもいいですし、録音しておいてもいいですし、ビデオに撮っておいてもいいでしょう。

手段はなんでもいいので、とにかく自分の思いをメッセージとして、伝えたい相手にきちんと伝えておくことが重要なのです。

たとえば、長年連れ添った奥さんへの感謝の気持ちや、子どもたちに伝えておきたかったことを伝えずに死んでしまうと、この世に思いを残してしまうことになりかねません。

さらに、亡くなった本人だけでなく、残された家族にとっても、メッセージを受け取っていないことは不幸なことなのです。

実は、これまで数多くの葬儀をしていて思うことは、故人からのメッセージをきちんと受け取っている遺族と、受け取っていない遺族とでは、大きな違いがあるということです。

その違いは何かというと、立ち直りの早さです。

多くの遺族がきちんとお別れをしなかった（またはできなかった）ために、故人からのメッセージをもらっていません。

このような遺族は、故人の死のショックからなかなか立ち直ることができません。

これに対して、故人からのメッセージをきちんともらっている遺族は、すぐに立ち直ることができるのです。

あなたは遺族をどちらにしたいですか？

遺族を苦しめたくないのであれば、きちんとメッセージを伝えておきましょう。そうすることで、あなた自身も安らかに死を迎えることができるのです。

第4章

安らかに生を終える
ための準備

1

お葬式はやるべきなのか？

近年、お葬式はいらないという風潮がありますが、
残された家族が心の整理をし、
故人ときちんとお別れするためにも、
お葬式は必要ではないでしょうか。

今やイオンが葬儀屋さんを紹介し、アマゾンがお坊さんを派遣する時代に突入しました。

また、『葬式は、要らない』『自分でつける戒名』などの書籍もたくさん出されている時代です。これは葬儀や戒名の費用が高額で、納得のいかない人が増えてきたという表れでもあります。

これについては、私たち僧侶も襟を正していかなければいけないと思います。

では、お葬式は何のために行うのでしょうか？

必ずやらなければいけないものなのでしょうか？

まずお葬式の意味ですが、私は次のような3つの意味があると思っています。

ひとつ目は、大切でかけがえのない故人を浄土に送り、あの世から見守ってくださる尊い存在にすること。つまり、「ホトケ」になっていただくことです。

特に、曹洞宗の一般の方々の葬儀は、僧侶の葬儀方法を転用したものです。ですから、仏様の戒律を授け、戒名（仏様の弟子になった証し）を授け、僧侶にしてあの世

（浄土）に送り出すのです。

大切な方は、遺族にとっては故人になっても別の形で存在してほしいと思うものです。ですから、お盆やお彼岸にあんなにたくさんの方々がお墓に行き、先祖を迎えたり、送り火をしたりするのだと思います。


2つ目は、故人が亡くなったことを確定させることです。

曹洞宗や禅宗の葬儀では、「引導を渡す」ということも大事な葬儀の内容です。これは、故人への最後のお別れの言葉であり、「喝」「露」などさまざまですが、要するに「もう、この世からあの世へ行ってください」と故人が亡くなったことを確定させているのです。

人間誰しも、大切な方を失ったときには、それを受け入れたくないものです。頭では理解していても、信じられないのです。そのときに、「もう、この人は死んだんだ」ということを僧侶や皆で確定させることも大事なことだと思います。

これはなかなか自分一人では受け入れられません。しかし、多くの方が葬儀に来られて故人の思い出話を聞いたりしていると、自然に癒やされて故人の死を受け入れていくのです。

人によりますが、だいたい2年くらいかかります。三回忌です。よくできていると感心します。

3つ目は、「故人と遺族がお互いに許し許される時間である」ということです。

私の経験上、1000人中1000人が「もっとああしておけばよかった。こうしておけばよかった」と悔やんでおられます。「もう十分だ」という人にはお会いしたことがありません。皆が皆何らかの後悔をしているのです。

瑞岩寺の葬儀は、枕経（打ち合わせ）↓通夜↓葬儀↓告別式↓初七日と続くのですが、この枕経のときに故人の生前のことをインタビューしてお写真や遺品を預かり、お葬式で映像や音楽を流したり、遺品を展示したりしています。

それは、とりもなおさず、故人を思い出し、涙し、癒やし、癒やされ、許し、許されるという時間が必要だからです。

お葬式はいらないというのは、最近の風潮で葬儀にかかる費用が高騰したことが原因です。葬儀をしないと落ち着かない人は多いはずです。

私もハワイで開教師をしていましたが、海外でもキリスト教でもイスラム教でも、原始時代でも、亡くなった人に花を手向けるようなことは行われていたようです。

それは宗教以前の人間として大切な人を失った者への癒やしが必要だからだと思います。

それは昔も今も変わりません。残された家族が心の整理をし、故人ときちんとお別れするためにも、お葬式はやったほうがいいと思います。

さらに言えば、残された家族が迷わずにすむように、自分が死んだ後、どんなお葬式をしてほしいのかということを、エンディングノートなどに書き記しておくとよいと思います。

2

良いお葬式とはどんなお葬式か？

良いお葬式をすると、ご遺族は葬儀中に人目をはばからず悲しみをあらわにします。悲しいときに思い切り泣くことで、心の区切りをつけられるのです。

では、どんなお葬式が良いのでしょうか？

私は遺族の方たちが悲しみ、寂しさに思い切り浸れるようなお葬式が「良いお葬式」ではないかと考えています。

「良いお葬式」をすると、ご遺族は葬儀中に人目をはばからず悲しみをあらわにします。悲しいときには泣いたほうがいいのです。精神医学的にも、涙を流すことで癒されることもあるそうですから。

そして、故人を見送った後に、すっきりとはいかないまでも、なにか心の区切りをつけられたと感じられる葬儀が良いと思います。

瑞岩寺でも、お寺で故人を見送る**「寺葬儀」**を行っています。会館がないので大きなものはできませんが、10人程度の家族葬ならあげることができます。

私がお葬式をさせていただくときに心がけていることは、ご遺族に思う存分泣いていただける「良いお葬式」にすることです。

そのため、前述したように故人の写真をいただいて読経中に映像を流したり、故人の好きだった花を飾ったり、お気に入りだった曲をかけたり、お子さんたちに別れの言葉をいただいたりなど、ご遺族の心に寄り添った演出を行うようにしています。

葬儀社のパック販売でベルトコンベアーのように進む式次第では、このような葬儀はできないのではないでしょうか。


今は、良くも悪くも葬儀社が参入し、ビジネスとしてサービスを展開するようになりました。昔のように、家族を慮《おもんぱか》って葬儀を仕切る僧侶もすっかり減ったこともあり、病院などで紹介された葬儀社に依頼することになります。

人生の締めくくりである葬儀を、「松竹梅がありますが、いかがしましょうか？」と聞かれて、内容もわからずに「じゃあ、竹で」と選ぶことになるのです。

さらにいえば、葬儀社もビジネスですから、一つひとつの原価に利益がのせられています。だから、同じものを使っても、寺葬儀よりも割高になってしまいます。

パッケージで決まっていて、何から何までお任せできるのは便利かもしれませんが、故人をお見送りするお葬式は、そのとき一度しかありません。

ご自身の葬儀をイメージするうえで、ご参考になれば幸いです。

3

戒名は必要なのか？

戒名を授かるということは、お釈迦様の弟子となって、
この娑婆世界の中で仏道を歩むということです。
ですので、戒名を自分でつけたり、
葬儀のときになっていただいたりするのは、
そもそも無茶なのです。

世の中には「戒名はいらない」と考えている人もいるようです。戒名というと、亡くなったときに葬儀でお位牌に書かれる名前のことだと思っている人も多いようですが、実は「亡くなったからいただく」わけではなく、「『戒』を授かったからいただく」ものなのです。

もう少しわかりやすく説明すると、「戒名」というのは、お釈迦様の教えに則《のっと》って生きると決めた人に授けられる名前のことです。

つまり、戒名を授かるということは、これまで自分がしてきた罪を懺悔《さんげ》し、お釈迦様の弟子となって、この娑婆世界の中で少しでもお釈迦様の教えに近づき、仏道を歩むということです。

ですので、その戒名を自分でつけたり、葬儀のときになっていただいたりするというのが、そもそも無茶で、できれば生前に頂戴して、仏縁に触れていただきたいところです。

ちなみに「懺悔文《さんげもん》」は次の通りです。

我昔所造諸悪業
皆由無始貪瞋痴
従身語意之所生
一切我今皆懺悔

私が昔からしてきたいろいろな悪い行いは、
みな避けがたい、貪りと怒りと無知による
身体と言葉と意識のなす行為から生じたものであります。
その全てを、今、み仏の前に悔い改めます。

このような懺悔文を唱えたうえで、次の「三帰戒《さんきかい》」も唱え、仏道を歩むことを誓うのです。

南無帰依仏・南無帰依法・南無帰依僧
帰依仏無上尊・帰依法離欲尊・帰依僧和合尊

帰依仏竟・帰依法竟・帰依僧竟

仏の威徳に従って信心を捧げます。
教え（法）に従って信心を捧げます。
僧に従って信心を捧げます。
仏は最上に尊いものであるから従っていきます。
教えは欲を離れた清らかで尊いものであるから従っていきます。
僧は和合し尊いものであるから従っていきます。
仏に従いました。
教えに従いました。
僧に従いました。

自分の尺度で生きることは一見自由に見えて、実は自分の執着とたたかわねばならず、苦しいものです。

一方、仏教には２４００年も前から受け継がれてきた「戒（生きる道筋）」があります。「戒を守る」と決めて生きることで、考え悩むことも少なくなり、楽に生きていけるのではないかと、私は思います。

瑞岩寺でも、数人の希望者を募ってミニ「在家授戒（得度式）」を行っています。

このときは住職が戒師（仏様に代わって戒を授ける人）となり、それぞれに戒名をお授けします。

あなたも生前に戒名を授かり、お釈迦様の教えに則って生きてみてはいかがでしょうか。

4

お釈迦様が授けてくださった智慧とは？

「戒」とは古代インドの言葉で「シーラ」といい、本来の意味は「習慣づける」ということです。この戒こそが、お釈迦様が私たちに授けてくださった生老病死の苦悩を生き抜く「智慧」なのです。

ある有名な和尚さまからお聞きした話によると、「戒」とは古代インドの言葉で「シーラ」といい、本来の意味は「習慣づける」という意味だそうです。

これはとても良い考え方だと思います。

曹洞宗の教える授戒の際の「仏の十戒」とは、69ページでもご紹介した「十善戒」のことです。

①不殺生……むやみに生き物を殺傷しない
②不偸盗……ものを盗まない
③不邪淫……男女の道を乱さない
④不妄語……嘘をつかない
⑤不綺語……無意味なおしゃべりをしない
⑥不悪口……乱暴な言葉を使わない
⑦不両舌……筋の通らないことを言わない
⑧不慳貪……欲深いことをしない

⑨不瞋恚……耐え忍んで怒らない
⑩不邪見……間違った考え方をしない

これを次のように言い換えてみてはいかがでしょうか？

①不殺生……むやみに生き物を殺傷しない習慣をつけましょう
②不偸盗……ものを盗まない習慣をつけましょう
③不邪淫……男女の道を乱さない習慣をつけましょう
④不妄語……嘘をつかない習慣をつけましょう
⑤不綺語……無意味なおしゃべりをしない習慣をつけましょう
⑥不悪口……乱暴な言葉を使わない習慣をつけましょう
⑦不両舌……筋の通らないことを言わない習慣をつけましょう
⑧不慳貪……欲深いことをしない習慣をつけましょう
⑨不瞋恚……耐え忍んで怒らない習慣をつけましょう
⑩不邪見……間違った考え方をしない習慣をつけましょう

これなら一般の人も受け入れやすいのではないかと思います。

お釈迦様は、この世の私たちに生老病死の苦悩を生き抜く「智慧」をお授けくださいました。

一人でも多くの方が生前に「授戒」をされて、このような生き方を「習慣づける」ことを願っております。

それが、人が幸せな人生を生きるための基本だと、お釈迦様は教えてくださっているのです。

5

お墓はどうすればいいのか？

少子化や核家族化などの影響で、子どもたちが
お墓を維持・管理することが難しくなりつつあります。
そんな中、今後はお墓の在り方も
時代とともに変化していかざるを得ないと思います。

これまではお墓は遺族が維持・管理するのが一般的でした。

しかし、少子化や核家族化などの影響で、子どもたちがお墓を維持・管理することが難しくなりつつあります。

実際、私のところにも、「一人娘が嫁いでしまったので、先祖代々のお墓をどうすればいいですか？」「子どもがいないので、父母のお墓を維持できなくなってしまいます」といった相談が寄せられることがよくあります。

同様に、お子さんが遠くに就職されて帰ってこない方や、お子さんがいらっしゃらない方、結婚していない方などの場合も、お墓の維持・管理は難しくなるでしょう。


さらに、政府の人口予想の資料によると、少子高齢化の流れの中で、2050年には日本の人口は3300万人減少するといわれています。

そして、65歳以上の方は1200万人増加し、0〜14歳の人口は900万人減少します。年長者の増加が大きく若者が少なくなるため、人口構成は逆ピラミッドのようになっていくと予想されています。

つまり、お墓を守ってくれる人たちの数は年々減っていくということです。今後30

年で日本中の約半分の家がお墓を維持・管理できなくなるといわれています。

お墓の維持・管理ができなくなると、そのお墓は「無縁」になってしまいますので、菩提寺の和尚さんと相談して、その後の対応策を考えておかなくてはなりません。

瑞岩寺では、これからのお寺事情を考えて、いろいろな試みを始めています。

この地域でも、お墓の将来に不安を覚えている方はたくさんいますので、そういった方たちの不安解消になればと考えたのです。

瑞岩寺では現在、通常の墓地以外に、次のようなお墓を準備しています。

①納骨型永代供養墓「永遠のいのち」
②樹木葬永代供養墓「木もれ陽《び》」
③相続型永代供養墓「永遠《とわ》の杜《もり》」
④合同型永代供養墓「永遠《とわ》の碑《ひ》」
⑤観音像永代供養墓「白衣観音」

納骨型永代供養墓とは、骨壺をロッカー状の供養塔に納骨し、その後はお寺が三十三回忌まで責任をもって供養するものです。

骨壺は、ロッカーに入っていますから、後々墓地を建立することになったら、そちらに移すこともできます。

樹木葬永代供養墓とは、シンボルツリーの桂《かつら》の木の周りの芝生に麻袋に入れたお骨を納骨し、お寺が三十三回忌まで供養するものです。

樹木葬というと一般的には里山の再生などが多いのですが、自然を守るために墓石の使用を極力少なくし、自然の土に還っていくというコンセプトです。

相続型永代供養墓とは、通常の先祖代々のお墓と永代供養墓を合わせた機能を持っているお墓です。八角形の墓石の一つひとつに納骨し、お寺が三十三回忌まで供養します。この永代供養墓は普通の墓地としても使用できます。また、すでに墓石が用意されていますから、建立する必要がありません。

また、共同墓地は無宗教にしています。

皆さんそれぞれ宗教観をお持ちだと思いますが、そのほとんどは生まれながらにご先祖様から受け継いだもので、選択する余地のないものです。

これからは、宗教もお寺も自分で選択できる、「家」から「個人」の宗教へとシフトしていく気がします。

自分が死んだ後、お墓のことが心配な方は、今のうちから情報を集め、「お墓をこうしてほしい」という意思を娘さんや息子さんに知らせておく必要があると思います。

6

三十三回忌の本当の意味とは？

故人を最も必要とする世代の家族が、
かけがえのない故人を忘れないようにすることが、
三十三回忌の本旨なのではないでしょうか。

先ほど「三十三回忌までお寺が供養する」と書きましたが、なぜ三十三回忌までなのでしょうか？

実は、日本中で毎週末になると、お寺でお亡くなりになった方々の供養が行われています。いわゆる江戸時代から始まったとされる**「十三仏信仰」**です。

一般には冥界の審理に関わる十三の仏（仏陀と菩薩）が、仏の国に旅立った故人が極楽浄土に行けるように、追善（故人に善業を積んで送る）法要を営むとされています。十三仏とは次の通りです。

初七日（不動明王）
二七日（釈迦如来）
三七日（文殊菩薩）
四七日（普賢菩薩）
五七日（地蔵菩薩）
六七日（弥勒菩薩）
七七日（薬師如来）

百箇日（観音菩薩）
一周忌（勢至菩薩）
三回忌（阿弥陀如来）
七回忌（阿閦如来）
十三回忌（大日如来）
三十三回忌（虚空蔵菩薩）

だいたい三十三回忌で個人の戒名のお位牌から先祖代々のお位牌に変えたりするわけですが、なぜ三十三回忌（32年）で「弔い上げ」なのでしょうか？

もちろん、ご病気や戦争などで親を早くに亡くされた家族は、三十七回忌や五十回忌をすることもしばしばありますが、たいていは三十三回忌で終了です。

その理由について、私が思うには、家族にとってかけがえのない故人を、その人が生きている間中、一生忘れないようにすることが、三十三回忌の本旨なのではないだろうかということです。

これは、いわば一世代の期間です。

だいたい30歳までに結婚し（最近はそうでもありませんが）、子どもをつくります。すると、自分の親は30歳前後、祖父母は60歳前後、曾祖父母は90歳前後になります。つまり、多くの方が自分の祖父母には会えるわけです。

前にも書きましたが、お釈迦様は人間の生前や死んだ後の世界については「無記」ということで、あるともないともおっしゃいませんでした。信じることはできても証明することは不可能だからです。

ですから私たちは、自分の「存在価値」を、生きている間に自分で納得させなければなりません。それは、あるときには「お金」であったり、「仕事」であったり、「財産」であったり、「名誉」であったりするわけです。

ところが、自分の存在価値をそうした社会的なモノサシで判断しない、かけがえのない関係の人たちがいます。それが「親」や「祖父母」なのです。

人間生きていれば、その他にも仕事仲間や、一緒に苦しみを共にした夫婦や、共に甲子園を目指した仲間との間にも、このような「あなたがいるだけで……」という感情が芽生えることもたまにはあります。

しかし、努力しなくても「親」と「子」の間には、この関係が知らず知らずのうちにできています。当たり前なので気がつかないことが多いのですが、親が亡くなったときに、初めてこの「かけがえのない関係」に気づくのです。

だから、この関係は親が亡くなった後も存在し続けてもらわないと非常に困ることになります。なぜなら、親は自分の「存在価値」を無条件で認めてくれた「かけがえのない」人たちであり、そのことに死後ようやく気づいたわけなので、自分が生きている間は引き続き存在し続けてほしいからです。

これが普段から私たち僧侶が拝んでいる「魂」とか「霊」というものだと、私は思っています。そして、この「かけがえのない霊」が32年たつと、それを必要とする人も世代交代をするので、三十三回忌で終了となるわけです。

そして、おそらくこの間に「故人」と「遺族」が、お互いを許し許されていくのが「供養」なんだろうと思います。

これは、とてもよくできた仏教の「しくみ」ではないでしょうか。

第5章

最高の死の迎え方

1

人はなぜ生きているのか？

私たちは自分の力で生きているのではなく、
父母やその他大勢の人々との関わりの中で生かされています。
それが、仏教がたどり着いた「無我」と「縁起」という
重要かつ最大の教えなのです。

「人はなぜ生きているのか？」という疑問は、誰でも一度は考えたことがあるのではないかと思います。

これに対して仏教的に答えると、「お父さんとお母さんのご縁で、この世に生まれてしまったから。以上」ということになります。これが本当のところではないでしょうか？

「この世であなたにしかできないことがあるから神がこの世に使わした」など、いろいろなことが言われますが、これらは全て「後付け」。後から付けたものです。

正確に言うと、私たちは自分の力で生きていません。心臓も自分で動かしていませんし、細胞分裂も自分でできません。食物を食べ、空気を吸い、水を飲み、父母やその他大勢の人々との関わりの「いのち」の連載の中で生かされているのです。

それが、仏教がたどり着いた「無我」と「縁起」という重要かつ最大の教えです。

まず「無我」ですが、「無我」と聞くと「自分をなくさなければならないのか」と考える人がいますが、決して自分をなくすことではありません。

確かに「無我」とは自我が「無い」状態です。しかし、今ここに生きているかけがえのない自分はいない、などと言っているのではありません。

「無い」とされているのは、「常・一・主・宰」と規定されるものについてです。常にそこにあって変化せず、同一で、しかも主体的な存在であると考えられているものは「無い」。つまり、常住なる永遠不変の「自我」は「無い」ということです。


次に「縁起」ですが、これは「全ての現象は、原因や条件が相互に関係しあって成立しているものであって独立自存のものではなく、条件や原因がなくなれば結果もおのずからなくなるということ」です。

お釈迦様は縁起について、次のようにおっしゃっています。

「私の悟った縁起の法は、甚深微妙《じんしんみみょう》にして一般の人々の知り難く悟り難いものである。わが作るところにも非ず、また余人の作るところにも非ず。如来（釈迦）の世に出ずるも出でざるも法界常住なり。如来（釈迦）は、この法を自ら覚し、等正覚《とうしょうがく》を成《じょう》じ、諸の衆生のために分別し演説し開発《かいほつ》顕示するのみなり。

此があれば彼があり、此がなければ彼がない。此が生ずれば彼が生じ、此が滅すれ

ば彼が滅す」（小部経典『自説経』より）

つまり、縁起とはこの世の自然の法則であり、自らはそれを識知しただけであるというわけです。

「因果」という言葉があります。

「因」は原因で、「果」は結果というわけですが、実は仏教では「因」と「果」の間に「縁」があると説明しています。

たとえば、何かの現象（出来事）が起こるのには「因」が必要なのですが、因だけでは起こりません。そこには「縁」が必要なのです。

「因」が直接的原因とすれば、「縁」は間接的な条件。直接的原因と間接的条件とがあいまって、初めて現象が生じるのです。

どんなに才能のある人であっても、チャンスや巡り合わせなどの間接的条件に恵まれなければ、世の中では成功しません。逆に、取り立ててくれる人がいたり、時の運を得たりしても、本人に実力がなければ成功し得ないのです。

このように仏教は実体論的世界観ではなく、関係主義的世界観を持っています。

あらゆるものは、関係性の中にあって初めて存在し得ているものなので、自分で自分を支えているのではないということ。すなわち、自分で自分を支えるものではないということは「本体がない」ということであり、これが仏教の世界観なのです。

したがって、私たちは人もモノも関係性さえも含めて、全ての命に感謝して生きないと罰が当たるということです。

2

迷惑をかけた人に謝りたいと思ったら？

人の悩みというのは、ほとんどが「気のせい」です。
もちろん、気にすることも大事ですが、
自分の気がしっかりと立っていれば、
ほとんどの悩みは気にならなくなると思います。

人生、長く生きていると、いろいろなことがあるものです。

ときには人に迷惑をかけたりして、恨みを買うこともあるかもしれません。そのような場合、すぐに謝って許してもらえればいいのでしょうが、わざと謝らなかったり、謝るタイミングを逃したりした場合は、それが心に残ってしまうこともあります。

「あのとき謝っておけばよかった」と後悔している人も多いのではないかと思います。

実は、今の自分の行動が明日の自分をつくります。そして、明日の自分の行動が未来の自分をつくります。

これは当然のことです。この社会を形成しているのは、良い意味でも悪い意味でも「人間」なのです。人間は弱く、自分勝手で、放っておくと堕落して、楽な方へと流れていきます。これは世の常です。

だから、お釈迦様は「生きることは苦」だとおっしゃられたのです。

したがって、少しでも良い人生、後悔しない人生を送りたいと願うのであれば、お釈迦様の教えを聞き、実践すべきでしょう。

お釈迦様の教えは次の8つです。これを「**八正道**《はっしょうどう》」といいます。

①正見《しょうけん》

仏道修行によって得られる仏の智慧であり、さまざまな正見がありますが、根本となるのは「四諦《したい》の真理」などを正しく知ることです。

「四諦」とは、苦諦《くたい》、集諦《じったい》、滅諦《めったい》、道諦《どうたい》の４つをいい、諦とは真理（悟り）という意味です。

苦諦とは、人生は苦であるという真理です。

集諦とは、人生の苦しみ（苦諦）の原因に関する真理です。

滅諦とは、苦の滅した状態。すなわち涅槃《ねはん》の境地です。

道諦とは、苦を滅する方法の真理です。そして、この方法が「八正道」というわけです。

②正思惟《しょうしゆい》

正しく考え判断することであり、出離（離欲）を思惟し、無瞋《むしん》を思惟し、無害を思惟することです。このうち「出離（離欲）」とはパーリの原文では「nekkhamma」で、世俗的なものから離れることを意味します。財産、名誉など俗世間で重要視されるものや、感覚器官による快楽を求める「五欲」など、人間の俗世間において渇望されるものの否定です。これらの3つを思惟することが正思惟なのです。

③正語《しょうご》

妄語（嘘）を離れ、綺語（無駄話）を離れ、両舌（仲違いさせる言葉）を離れ、悪口（粗暴な言葉）を離れることです。

④正業《しょうごう》

殺生を離れ、盗みを離れ、性的行為（特に社会道徳に反する性的関係）を離れることを言います。正語と正業の2つは正思惟されたものの実践です。

⑤正命《しょうみょう》

道徳に反する職業や仕事はせず、正当ななりわいを持って、人として恥ずかしくない生活を規律正しく営むことです。

⑥正精進《しょうしょうじん》

四正勤《ししょうごん》、すなわち「今まで起こっていない悪は絶対に起こさないように努力する」「すでに起こっている悪はこれをなくすように努力する」「今まで起こっていない善はこれを起こすように努力する」「すでに起こっている善はこれをさらに増大させるように努力する」という４つの実践について努力することです。

⑦正念《しょうねん》

四念処（身、受、心、法）に注意を向けて、常に今現在の内外の状況に気づいた状態でいることです。

⑧正定《しょうじょう》

正しい集中力（サマーディ）を完成することです。この「正定」と「正念」によってはじめて「正見」が得られるのです。

この八正道は相互に密接に関わっています。したがって、どれか一つだけを実践するのではなく、全てを総合的に実践することで、苦を滅し、悟りの境地に到達することができるのです。

ところで、過去に悪いことをした人に対して謝るべきかどうかということですが、自分で「謝る」ことが良いことだと思うのであれば、謝ったほうがいいと思います。実際に会って謝らなくても、手紙でも、電報でも、メールでもいいでしょう。おそらく相手は、もうそんなことは気にしていないと思いますが……。

人の悩みというのは、ほとんどが「気のせい」です。

もちろん、気にすることも大事ですが、自分の気がしっかりと立っていれば、ほとんどの悩みは気にならなくなると思います。

3

家族の仲が悪いときは？

仲たがいしている相手が、明日も元気でいる保証はありません。
私はそのような例をたくさん見てきました。
ですから、今を大事に生きることがとても大事なのです。

世の中には仲の良い家族もあれば、仲の悪い家族もあります。

後者の場合は、自分が死んだ後、家族がバラバラになってしまうのではないかと気がかりな人も多いことでしょう。自分の目の黒いうちに、なんとか和解させたいと思い悩んでいる人もいるかもしれませんね。

これについての私の回答は、「お互いを許し合うこと」です。


仲の悪い者が親と子であれば、子が小学校4、5年生くらいまでなら親の言うことを素直に聞きますが、それ以降になると親は本気モードで話す必要があるでしょう。

大人同士の場合は、もう大人なのだから、許し合うことです。


私たちが普段何気なく使っている「こんにちは」「こんばんは」という挨拶は、実は仏教の言葉です。

「こんにちは」とは、今までの自分は全部捨てて、「今日はよろしくお願いいたします」ということ。「こんばんは」は、昼間のことはさておき、「今晩は、気持ちを入れ替えてよろしくお願いします」。**つまり、今までの自分を一度捨てるということなの**

です。

また、「ただいま」という言葉がありますが、これも「『只、今！』が重要です」ということなのです。

昔の確執や、未来の不安など、そのようなものは考えるだけ無駄です。なぜなら、明日がどうなっているのかなんて誰にもわからないからです。

だから、**「今、ここ、をただ楽しく、幸せに生きましょうよ！」**ということです。

私は僧侶をやっていて、本当に命の儚《はかな》さを感じます。

今朝、「行ってきます」と家を出ていったのに、帰りの車の中で亡くなった男性。子どもを「いってらっしゃい」と送り出した後、病院に担ぎ込まれて亡くなった女性。昨日まで私とお茶を飲んでいたのに、次の日亡くなられたおばあさんやおじいさんもたくさんいます。

ですから、今を大事にしてください。

仲たがいしている相手が、明日も元気でいる保証はどこにもないのですから……。

4

卑屈になってしまいがちな自分を何とかしたいと思ったら？

「あなたの想像することが現実になる」と
お釈迦様はおっしゃっています。
ですから、「どうせ自分なんか……」と考えるより、
「自分はしあわせになれる」と嘘でも言ったほうがいいのです。

人は弱気になったり、引け目を感じたりすると、「どうせ自分なんか……」と考えてしまいがちです。

このような考え方をしている限り、厳しいようですが、あなたは「しあわせ」になれないと思います。

「しあわせ」の定義というものがあるわけではありませんが、私は「しあわせ」とは「その人が望むことが、その人の生きている人生の場で、適度に叶っている状態」だと考えています。

お釈迦様は「あなたの想像することが現実になる」とおっしゃっています。自分の頭の中で一度イメージされたことが、あなたの思考になり、言葉になり、行動になり、習慣になり、人生になるのです。

ですから、「自分は今、しあわせだ」「しあわせになれる」と嘘でも言うのです。思い込むのです。そうすれば、そのうち必ずそうなります。あなたがそう信じている限り……。

仏教の言葉に**「諸法実相」**（諸法は実相なり）という言葉があります。

これは仏の体は現実の世の中そのものだ、という意味です。つまり、仏というのはこの現実を離れてあるものではなく、現実こそが仏なのだということです。

仏教の信心というのは、目を見開いて自分自身が置かれた現実を見つめ、社会にしっかりと根を張って行き抜いていくという覚悟を決めること。これが仏教の信心です。

仏教は私たちの現実ですから、その現実の世の中に、ユートピアにあるような理想を思い描き、その自分の思い描いた目標に向かってぶつかっていく。その勇気を引き出すものこそ、信心の功徳というものです。

世の中はとても厳しいものですから、目標を目指してぶつかってもはね返されてしまうこともあります。それでも諦めない。その諦めない心の中に存在するものが、仏教でいうところの「仏」なのです。

仏というのは自分の外にあるものではなく、自分自身の中にあって、自分の内側から開いていく存在です。そのとき、仏はこの世に現れてきます。

仏を架空のものにするのも、現実のものにするのも、全ては自分自身の信仰の姿勢で決まってしまいます。

それ故に、今の自分を大切にし、今日という日を大切にしながら、毎日を丁寧に生きていく必要があるのです。

そして、今日生きている自分のことがとても大切なのだと気づくことができれば、そのことに感謝し、自分を守り育ててくれている自分の周りの人たちにも感謝していけるようになります。

感謝の心は自分の心を強くします。 仏教の信心は、感謝（報恩感謝）を大切にすることです。

歴史上の偉人たちや社長さんたちに信心深い人が多いのは、自分の中の仏を信じる力が強いからなのではないでしょうか。

5

孤独と向き合うには？

自己愛や自分への執着心の強さは、
自分と他人を隔てる壁を厚くしているようなもの。
壁を高くして安心を得ようとしたはずなのに、
高くすればするほど孤独に陥ってしまうのです。

年齢を増してくると、結婚したり家族を構成したりして、付き合いや環境が変化していきます。すると、以前の環境のように他人と付き合ったり話したりできないようになっていきます。

仏教では人生を「学生期《がくしょうき》」「家住期《かじゅうき》」「林住期《りんじゅうき》」「遊行期《ゆぎょうき》」の4つに区切っています。これを「四住期《しじゅうき》」といいます。

最初の学生期は、師についてひたすら学ぶ時期です。師に絶対的に服従し、厳格に禁欲を守ることが必要になります。

家住期は、結婚して職業に就いて生計を立て、子どもを育てて子孫を残し、祖先への祭祀《さいし》が絶えないようにします。

林住期は、これまでに得た財産や家族を捨て、社会的な義務からも解放され、人里離れたところで暮らす時期です。

最後の遊行期は、この世への一切の執着を捨て去り、乞食となって巡礼して歩く時期です。

これが理想の生き方だというわけですが、そこまではいかないとしても、孤独の時間は大切だと思います。

私たち禅僧は毎朝坐禅をして自分を整えています。

ただ、「自分という個の存在も幻想である」と仏教では捉えています。つまり、私のことを「長谷川俊道」と皆が認めて呼んでくれているので「長谷川俊道」として生かされているだけで、どこかに本当の「長谷川俊道」がいるわけではないということです。

人間の認識力は固定的なものの見方をしてしまう傾向があって、たとえば今、目の前にあるコーヒーも確かにコーヒーには見えますが、本当はいろいろなものが絡み合い変化する中で今、たまたまコーヒーの形に構成されているにすぎないのです。

華厳経に**「インドラ網」**という言葉があります。

あらゆる命は網の目のように繋がり合っていて、確かに存在しているけれど、ほどけばなくなってしまう。すなわち、ロープがいろいろ繋がり合い、たまたまそこに網の目ができているだけであって、実体はないけれど、確かにそこにある存在だという意味です。

しかも、インドラ網の網の目には宝石が輝いていて、それら一つひとつの宝石を見ると、他の全ての宝石のきらめきを映し出しています。つまり、全てのきらめきをたった一つの宝石が映し出しているのです。

自分に対する執着を手放すには強い恐怖を感じるかもしれません。しかし、それを手放したとき、インドラ網のきらめきやかけがえのなさが見えてきます。多くの命と繋がり合った自分というものが確かに存在し、人はどこまでいっても孤独ではないと気づくのです。

逆に、自己愛や自分への執着心の強さは、自分と他人を隔てる壁を厚くしているようなもの。壁を高くして安心を得ようとしたはずなのに、高くすればするほど孤独に陥ってしまうのです。

今、自殺者の多さをはじめ、孤独がさまざまな社会問題を引き起こしています。そういう時代だからこそ、ますます自分が良い縁となっていくような働きをすることが、仕事においても重要な視点になるでしょう。

私たちはインドラ網の繫がりの中に生かされていることを自覚し、自分の思いを超えた大いなる命の声に耳を傾けていくことが大事なのだと思います。

6

お金のことが心配でたまらないときは？

お金に「執着」することを否定するつもりはありません。
ただ、お釈迦様が悟った道は「中道」です。
多すぎても、少なすぎてもいけません。
「適度」がよろしいということです。

近年、年金に対する不安が広がっていて、老後の心配をする人が増えています。

お金に対する不安や悩みは尽きないと思いますし、お金に「執着」することを否定するつもりもありません。

ただ、お釈迦様が悟った道は「中道」です。多すぎても、少なすぎてもいけないのです。「適度」がよろしいということです。

ご自分の生活環境や家族構成、将来の予定、老後の問題などを熟慮し、ご自身やご家族も含めてきちんと話し合い、納得のうえで生活するのがよろしいかと思います。

そのうえで、できることなら、「お金のことを心配しない生活」ができることが望ましいといえます。

ただし、「お金のことを心配しない生活」というのは、「お金持ちになる」ということではありません。お金持ちの方でも家庭が崩壊していたり、夫婦でもお互いの愛情が冷めていたりするケースがたくさんあります。

逆に、貧しくても家族が助け合い、仲むつまじく、孫やひ孫までたくさんいらっしゃるご家庭もたくさん知っています。

ただ、どちらが「しあわせ」かは、本人が決めることです。本人の人生ですので。

私たち僧侶が説くのは、「この人生を生きる真実の道」です。お葬式や法事をきちんとやる人は「生前に故人と自分の関係」がとても深かった人が多いのです。


この世でいちばん大切なことは、あなたにとって「あなたがそこにいるだけで私はしあわせです」と言ってくれる人が何人いるかです。

それを一番つくりやすいのが家族でしょうし、一緒に苦労した友人や、悩みを共にしてプロジェクトを成し遂げた会社の仲間でしょう。

こういう関係こそ「宝もの」です。このような関係はなかなかできません。長年連れ添った夫婦でもわかりません。だから、貴重であり、価値があるのです。

さらに言えば、この関係は死んでも続きます。大切な存在なので、いてもらわないと困るのです。

私たちが日々拝んでいる「霊魂」とは、このようなものなのでしょう。

7

商売がうまくいかないときは？

商売については、やり方次第だと思います。
廃業するという決断はいつでもできますので、
まずは借金をなくすことに集中しましょう。

今の時代、大企業でも倒産する時代ですから、個人や家族で商売をされている方にとっては、非常に厳しい時代だと思います。借金を抱えて苦労されている方も多いことでしょう。

商売については、やり方次第だと思います。

もちろん、仕事はお金を稼ぐためだけにあるわけではありません。自分の労働が社会の人々のお役に立っているという充実感の喜びや、お客様から感謝をいただく喜びもあります。

しかし、まずは黒字にすることが前提です。そうでなければ、経世済民（世を治め、民を救うこと）を行うことができません。

会社にとって大切なことは、永遠に存続できることです。小さな会社の場合は、大企業にはできないきめ細かなサービスやニッチなサービスなどにチャレンジしてみることです。廃業するという決断はいつでもできますので、まずは借金をなくすことに集中しましょう。

また、まったく別の視点から見れば、「仕事」自体を変化させるという選択肢もあります。

仏教では「執着」こそが所縁の「苦しみ」の原因であると説きます。

厳しい言い方かもしれませんが、その仕事自体が今の世の中に合っていない可能性があるかもしれません。

禅的な生き方といえば、良寛さんの詩にこんなものがあります。

ひとりで生きて　ひとりで死にゆき
ひとりで坐る窓の下　ひとりで心静かに思う
よくよく考えてみれば始めもわからず
ましてやそのおわりも知るよしもない
今ということもはっきりつかめぬ
展転するもの全てこれ空
空の流れの中にしばらく我があり

まして是非善悪などあげつらえるはずもない
すこしも「けれん」がなければ
こころゆったり縁にまかせているばかり

人は名づけようのない大きな命の流れの中で生きています。

生きるということは、成長も、嵐も、実がつくことも、枯れることもあります。

「気にいらぬ風もあろうに柳かな」

そんな生き方が禅的な生き方です。

8

家族に相続争いをさせたくないなら？

家族に分不相応な大金を残しすぎると、
子どもたちの人生を狂わせてしまうこともあります。
「相続」が「争続」になるくらいなら、
必要な分以外は寄付や布施を検討してみるのもいいでしょう。

自分が死んだ後、相続争いで家族がバラバラになるのが心配という人も多いと思います。

私もこれまでたくさんのご家族を見てきましたが、それまで仲の良かった兄弟姉妹が、相続争いが原因で仲が悪くなってしまった例をたくさん知っています。

自分の死後、残された家族がもめないためには、最低限、遺言書は書いておくべきでしょう。

さらに、生前、子どもたちにきちんと言い含めておくことも大事です。

お金というのは諸刃の剣です。お金の使い方によって豊かな人生にもなりますし、お金があることによって、かえって貧しい人生になったりもします。

仏教では悟りへの道標として六波羅蜜を教えますが、その第一が「布施」です。

私も多くの人の人生相談を受けていますが、自分で苦労して稼いだお金でなければ、たいていはロクな使い方をしません。相続で大金が転がり込んできたことで、その後の人生が狂ってしまった人もたくさん知っています。

自分の死後、家族が困らないように、たくさんのお金を残してあげたい気持ちはわからなくもありませんが、あまりに分不相応な大金を残しすぎると、かえって子どもたちの人生を狂わせてしまうこともありますので、くれぐれも注意が必要です。

たくさんのお金を残して、「相続」が「争続」になるくらいなら、必要な分だけを残して、あとは寄付や布施を検討してみてはいかがでしょうか。

寄付や布施をすると、「人に施しができる自分になれた」という、うれしい気持ちになれるものです。

前にも書きましたが、寄付や布施をするときは、「喜捨の心」で行うことです。

お金に対する執着を残したまま寄付や布施を行うと、後悔することになりますので注意が必要です。

9

延命治療を受けたくないなら？

死ぬまで苦しむのではなく、
最後はきちんと死を受け入れて、
苦しまずに死ねる社会が来ればいいなと思います。

あなたにとって「最高の死に方」とは、どういうものでしょうか？
考えたことがないという人もいるかもしれませんが、自分の死に方を考えるときに問題になるのが、「延命治療を受けるかどうか？」ということです。
延命治療について、以前、群馬県の高崎市にある末期がん専門の「緩和ケア診療所・いっぽ」の萬田緑平先生にお話を伺ったことがあります。
萬田先生は延命治療について、次のようにおっしゃいました。

「延命治療は悪いことではありません。医者として当然のことをしているまでで、問題は患者さんとご家族にあると思っています。特にご家族の意識が問題ですね。

人は必ず死ぬものということは理解していても、感情がそうはさせないのです。肉親だから当然ですが、延命することが本当に患者さんにとって幸せなことなのか、考えてみていただきたいと思っています」

延命治療を受けながら、「頑張れ、頑張れ」と医者や家族から励まされ、患者さん本人も頑張っているのに、良くはならないとしたら……。

死ぬまで苦しむのではなく、最後にきちんと本当のことを伝えて、互いの目を見て「ありがとう」と感謝を伝えたり、思い出の場所に出かけて語り合ったりするほうが、よほど幸せなのではないかと思えてきます。

「私たちは生まれてくるとき『HAPPY BIRTHDAY』なんだから、最後も『HAPPY END』にしたいですよね。本当にできるんですよ。『死を受け入れることは、こんなにいいものなんですね』『幸せです！』って、その方が亡くなったときに、ご家族の方々が言ってくれるんです。それって最高じゃないですか」

私は萬田先生のお話に深くうなずきました。

このような取り組みが広まって、最後はきちんと死を受け入れて、苦しまずに死ねる社会が来ればいいなと思います。

もちろん、最後まで本当のことを知らずにいるほうが幸せという方もいるでしょう。人によって考え方はいろいろですから、あなたもぜひ、この機会に自分にとって最高の死の迎え方とはどんなものなのかを考えてみることをお勧めいたします。

10

「自分の最期は自分で選択したい」と思ったら？

リビングノートなどで自分の意思を表明しておくことはご本人のためであると同時に、ご家族をさまざまな葛藤から救い出すことにもなると思います。

自分の最期を自分で選択する――。いわゆる「尊厳死」の問題ですが、日本ではいまだに法制化はされていないのが現状です。

尊厳死については賛否両論ありますが、私は最期の迎え方の選択肢が広がるのは良いことだと思っています。

私がハワイで開教師という僧侶の仕事をしていたとき、アメリカのオレゴン州の州法で「尊厳死」を認める法律が成立しました。今から10年以上前のことです。

その当時、檀家さんからご家族の延命装置のスイッチをＯＦＦにするかどうか相談されたことがあります。アメリカは治療費がとても高く、ご家族を植物人間のままずっと看ていくことが難しかったのです。

このまま回復の見込みがないとわかっても、「自分の家族の延命装置を切る」という決断は、普通の感情ではなかなかできないでしょう。

このときは、ご家族とよく話し合い、スイッチを切ることを一緒に決めました。私たち僧侶がご相談に加わり、ご家族の罪悪感を少しでも分け合うことができればいいと思ったのです。そして、ご家族の悲しみが、かさみ続ける医療費を工面する苦労や怒りに変わる前に「尊厳的な死」を迎えることは、大切なことだと感じました。

このような体験もあって、瑞岩寺では、「リビングノート」を檀家さんに配布して、できるだけ生前に書いてもらうようにしています。病に倒れる前にご本人の意思が明らかにされていると、延命治療の有無だけでなく、残されるご家族の相続、お葬式、お墓のことまで、もめることが少なくなります。

「自分の最期を自分で選択する」ことは、ご本人のためでもあり、ご家族をさまざまな葛藤から救い出すことにもなるのです。

あるご老人が、「自分でトイレに行けなくなったら、自分の尊厳が失われる気がする」と言っていました。

人によって「尊厳」の捉え方はいろいろです。あなたにはあなたの、守りたい「尊厳」があるはずです。

リビングノートとまでいかなくても、自分の意思を書面にしておくことは大事だと思います。内容は何度でも書き換えられますから、今の気持ちを素直に書き留めておくとよいのではないでしょうか。

気持ちが変われば、また新しく書き直せばいいのですから。

第6章

「悟り」への道

1

人間関係で悩まないためには？

この世の深い悩みのほとんどは人間関係の悩みです。
話し合って信頼関係が構築できればいいですが、
実際には難しいことが多いですから、
職場を変えることをお勧めします。

会社勤めの人にとって、「職場の人間関係」は退職・転職理由の上位に来るほど深刻なものです。

これは正社員だけでなく、パートやアルバイトで働いている人にとっても同様で、職場の人間関係に関する悩みはつきないようです。

実は、この世の深い悩みのほとんどは、「人間関係の悩み」です。特に多いのが職場の人間関係の悩みで、会社というのは社内の上手な人間関係づくりにほとんどの給与を払っているようなものだと言っても過言ではありません。

もし、あなたが職場の上司や同僚からいじめや嫌がらせを受けているとしたら、その上司や同僚が抱えている憂さを、知らず知らずのうちにあなたに当たることで晴らそうとしているのかもしれません。

人間は弱いものですから、自分で解決できないことは他人のせいにしたいものです。その標的に、あなたがされているというわけです。

人の心の中まではあなたが１００％理解できないように、あなたが他人を１００％思うようにコントロールすることもできません。

時間をかけて話し合い、感情のわだかまりが解けて、信頼できる関係が構築できるのであれば、その職場でも将来があるかもしれませんが、現実には大変なような気がします。


したがって、一番良いのは、職場を変えることでしょう。

異動願いを出して部署を変えてもらい、すみやかにその上司や同僚のいない職場で、一から新たな人間関係をつくったほうがよろしいかと思います。

一人で思い悩んでいても事態は改善しませんので、できるだけすみやかに行動に移したほうがいいでしょう。

異動が無理なら、転職も致し方ないと思います。

2

パワハラ・モラハラで悩んでいるなら？

パワハラもモラハラも全て自分への「修行」。
相手は変えられません。
大切なのは、否定的な意見は、聞いているふりをして、心に入れないことです。

近年、なんとかハラスメントなるものが、たくさん登場するようになりました。

会社員の中には、セクハラだけでなく、パワハラやモラハラで悩んでいるという人も多いことでしょう。


実は以前、NHKのEテレの「Rの法則」という番組に出演させていただいた際、女子高生の悩み相談が、「イヤな先輩からカラオケなどに誘われたときにうまく断る方法はありますか？」というものでした。

回答者はテレビにもよく出演されている心理学者と、大阪のおばちゃんと、私の3人でした。

三者三様の答えをした中で、私の答えは2位。3位が心理学者の答えで、堂々の1位に輝いたのは、大阪のおばちゃんの答えだったのです。

では、大阪のおばちゃんは何と答えたのでしょうか？

なんと「適当に嘘をついときゃいいのよ！」でした。

仏教的な答えとしては、パワハラもモラハラも全て自分への「修行」と考えることです。

仮に、あなたが上司からモラハラを受けていた場合、あなたは「モラハラ」と受け取っているかもしれませんが、上司にしてみれば、あなたの将来を見込んで「厳しく指導」しているだけかもしれません。

つまり、あなたの「受け取り方」次第なのです。

逆に、「よくやったな！」と褒めてばかりいたら、あなたは有頂天になって精進しない可能性もあります。

相手は変えられません。ですから、大切なのは、**「否定的な意見は、聞いているふりをして、心に入れない」**ことです。

3

嫉妬心が抑えられないときは？

嫉妬心が芽生えるのは、自分と他人を別物と考え、
他人を比較対象としているからです。
嫉妬心が芽生えたら、視点を仏様の高さまで上げて、
自分にしかできないことを精いっぱいやりましょう。

「人生の七味」というのをご存じでしょうか？

「うらみ」「つらみ」「ねたみ」「そねみ」「いやみ」「ひがみ」「やっかみ」の7つを、人生の七味というのだそうです。

一方、仏教では「三毒」といって克服すべきものとされる最も根本的な3つの煩悩があります。

それが「貪《とん》・瞋《じん》・癡《ち》」です。


貪は、貪欲《とんよく》ともいい、「むさぼり」や「必要以上に求める」ような心のことです。

瞋は、瞋恚《しんに》ともいい、「怒り」や「憎しみ」の心のことです。

癡は、愚癡《ぐち》ともいい、「真理に対する無知の心」や「おろかな心」のことです。

仏教では、これらの3つは「毒」だから克服しなさいと教えています。


このうち「癡」は「無明」ともいいます。無明は「十二縁起」の最初にくるもので、「苦しみのもと」とされています。

ちなみに、十二縁起とは次のとおりです。

①無明《むみょう》……過去世の無始の煩悩。煩悩の根本が無明。明るくないこと。迷いの中にいること。
②行《ぎょう》……志向作用。物事がそのようになる力＝業。
③識《しき》……識別作用＝好き嫌い。選別。差別のもと。
④名色《みょうしき》……物質現象（肉体）と精神現象（心）。実際の形と、その名前。
⑤六処《ろくしょ》……6つの感覚器官。眼・耳・鼻・舌・身・意。
⑥触《そく》……6つの感覚器官にそれぞれの感受対象が触れること。外界との接触。
⑦受《じゅ》……感受作用。六処、触による感受。
⑧愛《あい》……渇愛。
⑨取《しゅ》……執着。
⑩有《う》……存在。生存。
⑪生《しょう》……生まれること。
⑫老死《ろうし》……老いと死。

この無明を明らかにすることが「悟り」であり、「解脱」であり、苦しみから安楽へと移行するカギなのです。

たとえば、ライバルが先に昇進して「悔しい」「ねたましい」といった感情を抱いたとしましょう。人間なら誰でもあることです。

しかし、それは自分と他人を別物と考えて比較対象としているからで、上司・部下、偉い・偉くない、収入が多い・少ないと比較して苦しんでいるのです。

それは、ある勝手な見方で、もしかしたらライバルは仕事に時間と労力の全てを注いでいるので家庭が崩壊しているかもしれませんし、友人が少ないかもしれません。精神的に追い詰められているかもしれませんし、恋人と別れる寸前なのかもしれません。

ただ、そういうことは誰にもわからないので、比較しても仕方がないのです。

嫉妬心が抑えられない人は、自分の視点を仏様くらいまで上げてみてください。

あなたが仏様なら、ライバルの昇進をどう思いますか？

おそらくライバルの昇進を祝い、自分の努力のなさを悔やむことでしょう。

ねたむのは、あなたが凡夫だからです。家族や同僚、地域の人々、世界の人々の幸せや安寧を願ってみてください。自分の考えがいかにちっぽけで、どうでもいいことかがわかると思います。

仏教的な視点に立てば、全てのものは繋がり合ってできていて、周りのものは全て自分の鏡だということに気づくことができます。

嫉妬心が芽生えたら、視点を仏様の高さまで上げて、会社のためや世の中のために自分にしかできないことを精いっぱいやりましょう。

きっと誰かがその努力を見ていてくれるはずです。

4

熟年離婚されそうになったら？

まずはきちんと話をして、お互いの要望を全部出すこと。
そして、妥協できるところはないかを徹底的に話し合いましょう。
大切なことは、お互いがしあわせな関係になれる方向で考えることです。

近年、「熟年離婚」だけでなく、「離活」や「葬儀離婚」という言葉もよく聞くようになりました。

「離活」とは離婚活動のことで、葬儀離婚とはたとえば夫の父親の葬儀の後に、夫の母親の面倒を誰が看るのかでもめて離婚するというパターンのことです。

今は昔と状況が異なり、一人っ子同士が結婚すれば、1組の夫婦に4人の親がいることになります。介護離職しなければいけなくなるとしたら、自分たちの生活そのものが大変になるという時代です。

これは介護の問題だけでなく、お墓の問題でも同じです。


では、パートナーから熟年離婚や葬儀離婚を切り出された場合、どうすればいいのでしょうか?

まずは、二人で喫茶店にでも行き、きちんと話をして、お互いの要望を全部出すことです。そして、妥協できるところはないかを、徹底的に話し合うことをお勧めします。

大切なことは、お互いが思いやりの心を持って、しあわせな関係になれる方向で考えることです。昔と違って今は家族のさまざまな問題がありますし、女性も働ける時代ですので我慢することはありません。

ただ、離婚すると、精神的には辛いものがあります。

私も一度、離婚を経験していますので、離婚直後は精神的にとても辛かったことを覚えています。いちばん辛かったことは、最愛の子どもたちと離れ離れになったことでした。

その辛さから立ち直るには、２年くらいかかるのではないかと思います。

離婚の辛さから立ち直る方法は、次の３つです。

ひとつ目は、一人きりで閉じこもらずに、辛いときは身近な人に助けを求めることです。一人で閉じこもっているとどんどん落ち込んでいくだけですので、家族や友だちとの時間を積極的につくるようにしたほうがいいでしょう。

２つ目は、焦らずに時間をかけて立ち直ることです。

たとえば、女性の方であれば、ストレスでボロボロになった肌をケアしたり、エステやマッサージに通ったりしてリラックスした時間を持つようにすることです。

また、離婚後の一人での生活に自信をなくしがちですが、時間をかけて自分への自信を取り戻しましょう。


3つ目は、子どもがいる場合は、子どもとの関係を慎重にすることです。

もちろん子どもを守ることは最優先ですが、親自身も辛い時期だということを子どもにさりげなく伝えることも大切です。

また、たまには家族や親友に辛い状況を打ち明け、子どもを預かってもらって一人になることも大事です。少しでも一人の時間を持つことで、落ち着きを取り戻すことができます。

5

人生、何をやってもうまくいかないと感じたら？

人間のたいていの悩みは「気のせい」です。
ですから、悩むこと自体をやめて、流れに身を任せましょう。
ほとんどのことは思い通りにはなりませんが、
あなたが「しあわせだなぁ～」と思えればそれで十分なのです。

「自分の人生は、どうしてうまくいかないんだろう?」と嘆いている人も多いのではないでしょうか。

その気持ち、わかります。私も離婚していますので。

ですから、「気にしない」ことです。世の中の99%の人がみんなそう思っています。

自分の思い通りにいかなくて悩んだり苦しんだりしています。

ただ、わかったことが一つあります。

それは、**全ては最初「自分の内面からつくられる」**ということです。

貧しくても毎日ニコニコして幸せそうなおばちゃんもいますし、高級外車に乗って一流レストランで外食をしていても、幸せそうに見えない人もいます。つまり、全ての「思い」は自分の「内面」からつくられるのです。

だから、私たち禅宗の僧侶は「坐禅」をして「自己を見つめる」のです。

生き物には全て役割があります。人間もそうです。互いに調和しています。家族も社会も男女関係も役割があります。

妻がいるから、夫になれる。子どもがいるから、親になれる。親がいるから、子どもになれる。生徒がいるから、先生になれる。社員がいるから、社長になれるのです。自分という存在は常に他からの認証でしか成り立っていません。それが仏教の教える「縁起」です。

あなたには、あなたにしかできないことがきっとあるはずです。努力しましょう。そして、あとは天に委ねましょう。

人間のたいていの悩みは「気のせい」です。

したがって、悩むこと自体をやめて(手放して)、流れに身を任せればいいのです。ある程度は自分の思い通りになることがあるかもしれませんが、ほとんどは思い通りにはならないのです。でも、それでいいのです。あなたが「しあわせだなぁ〜」と思えればそれで十分なのです。

正直言うと、私自身、離婚の現実に直面したときは、心臓が痛くなりましたし、引きこもりがちになりました。自殺も考えましたし、全てを投げ出してしまいたいとも思いました。

そんな失意のどん底の日々を送っていたときに、ある尊敬する老師にポツリと言われた一言が今でも忘れられません。

「おまえもこれでプラスマイナスゼロだな。アハハハ！」

このとき、溢れる涙を見せまいと空を見上げながら、「あぁ、僧侶で良かった。お釈迦様や道元禅師様の教えに触れられて良かった。尊師や仲間がいて良かった」と思うと同時に、「お前はいるだけでいいんだよ！」と言われたような気がして、とても安心しました。


そこから私の卍（ひっくりかえす）が始まったような気がします。

私たちのいのちは、大きな大海の中のたったコップ1杯分かもしれません。それはまたいつか蒸発して海に帰っていきます。いのちの流れは常にこの循環の中にあります。

多くの方が生老病死に悩み、苦しみ、辛い思いをされていることでしょう。でも、その深さこそがあなたの人生を悟りに導いてくれるようなそんな気がしています。

私はいつも園児たちに、何か困ったことがあったときは「へっちゃらピー」という呪文を言うように教えています。

不安も悩みも、全てはあなたの「こころ」がつくりだしています。だから、「気にかけない」ことが大事なのです。

真の安心はあなた自身の中にしかありません。あなたが自分で獲得するしかないのです。

そのために必要なのはあなたの存在を全部ひっくるめて受け止めてくれる人、父母や祖父母、友人や恩師などですが、それほど多くはないでしょう。そこに僧侶が入っていれば嬉しく思います。

6

怒りの感情を抑えられないときは？

生きていると腹が立つこともあるでしょう。
しかし、何か気に入らないことを言われても、
受け取らなければいいのです。
気に留めなければ腹は立ちません。

「イライラする」「腹が立つ」といった怒りの感情は、人間である以上、誰でも湧き上がってくるものです。

そんなとき、どうすれば怒りの感情を抑えることができるのかということは、国籍を問わず全ての人に共通する悩みでしょう。

これについて、お釈迦様は怒りを蛇にたとえて次のように教えられています。

「怒りの蛇を、口から出すのは下等の人間。
歯を食いしばって口に出さないのが中等。
胸に蛇は狂っていても、顔に表さないのは上等の人である」

怒りのままにぶちまける人は、仕事、家庭、友人、信頼と、大切なものを次から次へとぶち壊し、後悔の日々を送ることになるので、愚かな人だといわれています。

普通の人はそうなるのが嫌だから、口まで出かかっている怒りの蛇をなんとか歯で食い止めている。顔をゆがめても、なんとか口に出さずに耐えています。

しかし蛇を呑み込んでも表情に出さず、ニッコリ笑っている人もいるというのです。

また、お釈迦様は、次のようなこともおっしゃっています。
「水の上に書いた文字は書いたそばから流れて消える。
砂の上に書いた文字はしばらくして消える。
岩に刻んだ文字は、いつまでたっても消えずに残っている」

つまり、**私たちの怒りの心も、**

・腹が立っても、すぐに忘れてしまえる人
・しばらくたたないと気持ちが落ち着かない人
・いつまでたっても昔の不愉快だったことを思い出して腹を立てている人

の3通りの人がいるのだということです。あなたはどうですか？

さらに、怒りについては、室町時代の僧侶である夢窓国師《むそうこくし》のこんなエピソードが残っています。

夢窓国師が弟子を連れて天龍川にさしかかったとき、渡し舟に乗り込むと間もなく、酒に酔った一人の武士が乱暴に乗り込んで船中で暴れだした。

乗客はみな迷惑したが、怖いので黙っていた。

夢窓国師が「どうか、もう少しお静かに願います」とやさしく頼まれると、「何をこの坊主、わしに説教するつもりか」といきなり鉄扇で国師の眉間を打ちすえた。

師匠の額からタラタラとほとばしる鮮血を見た弟子の僧たち。この人たちは今こそ出家の姿をしているが、元は武士で、腕に覚えのある人々ばかり。

「おのれ、お師匠様に何事か！　成敗する」と息巻く弟子たちを見て国師は「お前たちは口先ばかりの忍耐であってはならぬ。これくらいのことで怒るようでは仏道修行はつとまらぬぞ」と順々に戒められ、「打つ人も　打たれる人も　もろともに　ただ一時の　夢の戯れ」と歌った。


この歌は、「相手を責めて傷つける人も、責められて傷つけられる人も、ともに夢の中の戯れなのだ。勝った、負けた、盗った、盗られた、誉められた、そしられた……。そんなことを繰り返しているうちに、お互いあっという間に儚《はかな》い人生は終わってしまう」という意味です。

人が夢を見ると書いて、「はかない」と読みますが、「儚い一生を怒りにまかせて終わってしまっては何のための人生か」と戒められた歌なのです。

乱暴者の武士はたちまち懺悔の涙を流して国師の弟子になったといわれています。


確かに、毎日生きていると腹が立つこともあるでしょう。

いわれなき非難を受けてしまうこともあるでしょう。

しかし、非難する人も、される人も、数十年後にはお互いにこの世を去り、いなくなっているんだなと思うと、争いごとに自分の大事な時間を費やすのはもったいない。

自分が今できることに全力をかけよう。そう思い知らされるお話ですね。


意地があり、我慢も限界に達して、もう後には引けない。そういう状態になると、怒りが怒りを呼び、さらに大きな争いになって、お互いを傷つけ、苦しむことになってしまいます。そんなときは、どうすればいいのでしょうか？

それは、**何か気に入らないことを言われても、受け取らなければいいのです。**

松風の音や波の音に「うるさい！」と腹を立てても仕方がありません。ただ聞き流すよりほかはなく、気に留めなければ腹は立ちません。

もう一つ、お釈迦様とある若者とのやりとりをご紹介しておきましょう。


あるとき、外教徒の若い男がお釈迦様のところに来て、さんざん悪口を言った。黙って聞いておられたお釈迦様は、彼が言い終わると、静かに尋ねられた。

「おまえは、祝日に、肉親や親類の人たちを招待し、歓待することがあるか」

「そりゃ、あるさ」

「親族がそのとき、おまえの出した食べ物を食べなかったらどうするか」

「食わなければ、残るだけさ」

「私の前で悪口雑言ののしっても、私がそれを受け取らなければ、その悪口雑言は誰のものになるのか」

「いや、いくら受け取らなくとも、与えた以上は与えたのだ」

「いや、そういうのは与えたとはいえない」

「ならば、どういうのを受け取ったといい、どういうのを受け取らないというのか」

「ののしられたとき、ののしり返し、怒りには怒りで報い、打てば打ち返す。闘いを挑めば挑み返す。それらは与えたものを受け取ったというのだ。しかし、その反対に、なんとも思わないものは、与えたといっても受け取ったのではないのだ」

「それじゃ、あなたは、いくらののしられても、腹は立たないのか」

お釈迦様は、おごそかに、偈《うた》で答えられた。

「智恵ある者に怒りなし。よし吹く風荒くとも、心の中に波たたず。怒りに怒りをもって報いるは、げに愚かものののしわざなり」

「私は、ばか者でありました。どうぞ、お許しください」

外道の若者は、落涙平伏し帰順したといわれています。

お釈迦様のように、どんな悪口非難に対しても超然とした態度を取ることは、私たち凡夫にはとてもできませんが、**くだらない非難や中傷に目くじら立てて、一緒になって喧嘩をするのは同じ程度の人間**ということになってしまいます。

本当に的を射た批判ならありがたく反省し、的外れな非難中傷なら受け取らなければいいということです。

7

生きているのが苦しいと感じたら？

そもそも人生とは苦しいものです。
楽しそうにしている人も、みんな悩みを抱えて生きています。
辛く、苦しいと感じたら、
自分の「こころ」がワクワクするようなことをやりましょう。

私のところには、いろいろな方からさまざまな相談が届きますが、その中でも多いのが「生きているのが辛い。苦しい。疲れた」といった内容です。

この悩みは、ある意味、当然といえます。

なぜなら、そもそも人生というのは苦しいものだからです。お釈迦様もそうおっしゃっています。

人がこの世を生きていくうえでは、苦しいことがたくさんあります。

それを仏教では「四苦八苦」といいます。四苦八苦とは、仏教における「苦」の分類のことです。

ちなみに、苦とは「苦しみ」のことではなく「思うようにならない」ことを意味します。

四苦八苦の「四苦」とは、「生」「老」「病」「死」の、根本的に思うがままにならない4つのことです。これに次の4つの「苦」を加え、合わせて「八苦」と呼びます。

- 愛別離苦《あいべつりく》……愛する者と別離すること
- 怨憎会苦《おんぞうえく》……怨み憎んでいる者に会うこと
- 求不得苦《ぐふとくく》……求めるものが得られないこと
- 五蘊盛苦《ごうんじょうく》……五蘊（人間の肉体と精神）が思うがままにならないこと

このように人生には、自分の思うようにならないことがたくさんあります。だから、苦しくて当たり前なのです。これが人生のスタートなのです。

とはいえ、テレビで見る人たちや、あなたの周りの人たちの中には、楽しそうにしている人も多いことでしょう。

しかし、どんな人でも言わないだけで、苦しかったり、辛かったりするときもあるのです。みんな同じような悩みを抱えて生きているのです。

辛く、苦しいときは、自分の「こころ」がワクワクするようなことを集中してやりましょう。他人の言うことは気にしないことです。

また、「こころ」と「身体」は一つですから、「こころ」が病んでいるときは、「身体」に良いことをすることで、「こころ」も良くなっていきます。

早寝早起き、深呼吸、坐禅、瞑想、運動など、なんでもかまいません。自分が「気持ちいい」と思うことをやってみましょう。

8

心を落ち着かせたいときは？

1日5分でも10分でもいいので、瞑想をしてみてください。

瞑想を実践していくと、自分自身を無条件に愛せるようになると同時に、他者に対する嫌いという感情や憎しみの感情が少なくなり、人への思いやりの気持ちが現れてきます。

イライラや怒りを鎮めるための方法としては、瞑想をお勧めします。

私は僧侶ですので、毎朝5時から坐禅をさせていただいておりますが、一般の方には瞑想をお勧めします。

まずは静かな場所を見つけて、毎朝5分でも10分でもいいので、ゆったりとした格好で座ってみてください。正座でもあぐらでもかまいません。良い香りのアロマや、小鳥のさえずり、小川の流れ、風のそよぎのある場所などがあればなおいいですね。

そして、キャンドルを灯《とも》します。水の流れも、木々も、風のそよぎも、キャンドルの灯火も、f分の1のゆらぎがあります。ですから、こういうものがあると精神を集中しやすくなります。

準備が整ったら、大きく3回深呼吸をしてみてください。呼吸は唯一、自分の意思である程度操れる自律神経の機能です。息を吸うときに交感神経が優位になり、吐くときに副交感神経が優位になります。

人間には大脳があるおかげで、素晴らしい進化を遂げてきました。

しかし、その一方で、大脳があるおかげで、私たちは過去を悔やんだり、未来を憂いたりしてしまうのです。生まれた瞬間から死を意識してしまうのは人間だけです。

だから、禅の修行は「今この瞬間」を大事にするのです。

呼吸と呼吸の間を楽しんでください。静けさを楽しんでください。雨の日は雨音の中に自分を解かしてみてください。

自然との一体感を感じることができると思います。


私が提案したいのは、ほんの5分、10分という隙間時間にこそ、こころの休息をとるということです。ポイントはそこに「忘我」時間があるかどうかです。

現代人は忙しすぎます。さらに、それに追い打ちをかけているのがスマホです。ですから、5分でも10分でもいいので、スマホの電源を切り、われを忘れる時間をつくることが大事なのです。


仏教の目指すところは、「安心《あんじん》」です。まず、人のことではなく、自分をおさめる努力をしてみてください。

臨済宗の中興の祖である白隠禅師は、「妄念で世界を見ると地獄に見え、正念で世界を見ると極楽に見える」とおっしゃいました。

自分をどうおさめるかで人生が変わるのです。

最近は、ヨガや瞑想、マインドフルネスが大流行《はや》りです。なんでもいいと思います。自分に合った方法で瞑想をしてみてください。

瞑想を実践していくと、自分自身を無条件に愛せるようになり、ひいては人への思いやりの気持ちが現れてきます。他者に対しても嫌いという感情や憎しみの感情が少なくなっていきます。

あなたが「しあわせ」な気分でいれば、あなたの周りの人たちも「しあわせ」な気分でいることができます。そのような「しあわせ」の輪がどんどん広がっていくと思います。

9

掃除をすることの本当の意味とは？

掃除に集中していると、
いろいろな思考にとらわれなくなります。
この「とらわれない」ことが、
脳にとってはとても「気持ちのいい」ことなのです。

世の中には潔癖症で家中をピカピカに掃除しないと気がすまない人もいれば、少しくらい汚れていても平気な人もいます。

私は潔癖症ではありませんが、毎日毎日お寺の掃除をしています。ですので、年末の大掃除は特にする必要がありません。

曹洞宗の大本山永平寺では、最低1日に3回は掃除をします。多いときには、4、5回も掃除をします。

なぜ、そこまで掃除をするのでしょうか？

古来の規範にそう書いてあるからといえば、それまでですが、何百年も続いているのには、それなりの意味があります。

確かに、今の自分は目の前にホコリがあったり、ゴミが落ちていたりすると、自然に手が伸びて「無意識」に拾ってポケットに入れてしまう癖がつきました。

落ち葉が落ちる季節になれば、お寺の境内を掃除せずにはいられなくなりました。

一週間に一度は家中を掃除しないと気がすみません。なんだか気持ちが悪いのです。

でも、それだけが修行の成果なのでしょうか？

道元禅師の『正法眼蔵《しょうぼうげんぞう》』の中に、こういう行《くだり》があります。

仏道をならうというは、自己をならうなり。
自己をならうというは、自己をわするるなり。
自己をわするるというは、万法に証せらるるなり。
万法に証せらるるというは、自己の身心および他己の身心をして脱落せしむるなり。

私たちの身体は「心身一如」であると仏教は説いています。

よく掃除をしていると、なんだか身も心もスッキリする気分になるといいますが、「心身一如」で身と心が一つになっているから、そういう気分になるのでしょう。

永平寺では、坐禅以外の掃除や作務、食事でさえも、全て修行と説きます。そして、そのときはそれに没入し、何も考えないで、そのものに集中するようにと教えられます。

普段はいろいろな思考が湧き上がってきますが、集中していると、そうした思考にとらわれることがなくなります。

実は、この「とらわれない」ことが、脳的にはとても「気持ちのいい」ことなのです。

集中していると、「自然」と一体になるとか、落ち葉を「感じる」とか、食感を「味わう」といったことが、とてもありがたいことだとわかります。

掃除をする本当の意味というのは、こういうところにあります。

ですので、掃除をするときは、掃除に集中することが大事なのです。

10

「悟り」を目指す意味とは？

私たちは普段から「執着を持った生活」をしています。
ですから、その執着を取り除くために修行をするのです。
自分の身体を仏様に差し出すような気持ちで、
生きていかれるとよいと思います。

最後に、「悟り」についてお話ししたいと思います。

実は、人が「死にたくなるような辛い体験」というのは、だいたいが「お金」「異性」「名誉」の三つにかかわっています。

たとえば、借金が返せない。大失恋をした。名誉を傷つけられた。こういうときに人は死にたくなるのです。


ほかにも、前述したように離婚によって大切な家族がバラバラになったときは、私自身、自殺も考えたほど、精神的にキツイものがありました。

また最近では、2歳の娘が40度以上の熱を出して痙攣《けいれん》を起こし、口から泡を吹いて「今日か明日かの命」と医者から告げられたときは、本当に辛かったです。そのときの苦しみは、言葉では表現できません。


しかし、私は仏教を学び、日々修行をしているので、「受け入れる」というような心境は、普通の人より達観していたかもしれません。また、1000件以上もの葬儀を通じて、「無常」や「死」「どうにもならないこと」を数多く体験していることも影響していると思います。

そもそも仏教の教えそのものが、「悟り」の境地を目指す修行です。

悟りの境地はどこにも書いてありませんが、その過程《プロセス》こそが大切だと思っています。その日々の積み重ねが、やがてその人個人の人生を形づくっていくのですから。

ただ、修行といってもさまざまなものがありますが、全ての「行」に共通するのが、「自己の欲を離れ、悟るため」に行うものであるということです。

私たちは普段から「執着を持った生活」をしていますので、それを取り除くために修行をするのです。

曹洞宗では「修証一等」といって、「誰もが仏になる種を持っている」と教えています。

ただし、その種が芽を出すかどうかは、その人の行いによります。だから、一心に行ずることが大切なのです。

宗教の意味は、私たちが生きていくのに必要な思い込みです。あの世がある、悟りがあると信じているので、その過程《プロセス》を辿っていくことができます。

大切なのは「あるのか？ ないのか？」を議論することではなく、その過程です。生まれて死ぬのは確実ですから、その過程こそ大切にすべきなのです。

私たちの存在の根拠は、何度も言うようにお釈迦様の「無記」です。わかりません。ただ、その根拠を示さねばならないのが宗教が必要な理由であり、それによって安心できるのです。損や得を離れて良き人生を生きていく。

それが悟りへの道であり、良き真の生き方なのでしょう。

それが、仏教の教えであり、生き方であれば有難いと思っております。

あとがき

本書は私の2作目の著作となりますが、今回は「死」をテーマに書かせていただきました。いかがでしたでしょうか？

死後の世界のことについては、いろいろな人が様々なことを言っていますが、お釈迦様でも「わからない」というのが実際のところです。

ですから、「死んだら、地獄に落ちたりしないだろうか？」などと不安になったり、死についてあれこれ思い悩んだりしても仕方がないのです。

それよりも、自分が死ぬときに「あぁ、良い人生だった！」と思えるように、悔いのないよう「今を精いっぱい生きる」ことが重要だと思います。

白隠禅師の師匠にあたる禅僧の正受老人の言葉に「1日暮らし」というのがあります。

これは1日1日、一瞬一瞬に集中し、全力で生きるということです。

人生は一瞬一瞬の積み重ねですから、この「1日暮らし」の生き方を実践すれば、後悔のない、いきいきとした人生を満喫することができるのです。

私がこれまで1000件以上の葬儀を行ってきてつくづく感じるのは、最愛の家族や友人たちに見送られて逝くことができる人は最高に幸せだということです。

しかし、世の中そういう人たちばかりではありません。結婚していなかったり、子どもがいなかったり、家族との縁が切れていたりして、晩年を一人孤独に過ごす人もいます。

そういう人の最期は、多くは孤独死で、葬儀をしてくれる人がいない、納骨もできないということになります。

この分野は僧侶自身も葬儀社もあえて介入しない分野です。しかし、この分野こそが僧侶が関わるべきであり、かかわりたいと長年思っていました。

そこで2016年に「NPO法人瑞光会」を立ち上げ、「困っているあなたを助けたい」をモットーに、現在は太田市を中心にさまざまな理由でお困りの方に手を差し伸べ、問題解決の一助となるための社会福祉活動を行っています。

以前、このような方がいらっしゃいました。

その方は30代前半の男性で、孤独死でした。ご遺体が発見されたときは、死後2カ月ほどたっていたそうです。

結婚もせず、深い理由はわかりかねますが、家族とは長い間、縁が切れていたようです。

家族との連絡はかろうじて取れましたが、葬儀に来られたのは実父のみ。しかも、焼香だけしてすぐに帰られました。実子なのに過去に何があったのでしょう。

当然ながら、お布施はありませんでしたが、不思議なことに私の中には「やりきった感」がありました。僧侶としてここにいることに、今まで経験したことのない意義を感じたのです。

このような活動がもっと広がっていくことを願うと同時に、あなたが悔いのない人生を送り、「良い人生だった」と思えるような最期を迎えられることを、心より願っております。

最後に、死を迎えるにあたって、私は枕経のときにほとんどの方が安らかなお顔になっているのが不思議でした。もしかすると、死というものはそれほど悪いものではないのかもしれません。

しかし、不安はいつまでもつきまといます。

お釈迦様は30歳で悟り、80歳で亡くなるまで教えを説き、最後は「やりきった」とおっしゃいました。

人生を精いっぱい「やり切った」人には、そのような「死」をも飲み込むような境地に達することができるのかもしれません。

私自身、昨日も今日も少しずつ精進していきたいと願っております。

最後になりましたが、出版の機会を与えてくださったディスカヴァー・トゥエンティワンの干場弓子社長、編集を担当してくださった千葉正幸さん、出版のきっかけをつくってくださった皆さんに、この場をお借りしてお礼申し上げます。ありがとうございました。

また、いつもお寺をお護りいただいている檀信徒の皆さん、生前大変お世話になった東京青松寺四十五世覚堂継宗大和尚、福島常円寺十六世大洞光寿大和尚、ありがとうございます。

そして、曹洞宗ハワイ総監駒形宗彦宗師、福島県常円寺阿部光裕ご住職、全国の同安居や師匠の皆様、ありがとうございます。

弟子の岡田律雄さん、大日向邦彦さん、根木徹哉さん、お寺や社会福祉法人毛里田睦会の各施設長並びに職員の皆さん、ボランティアの皆さん、ハワイやその他の仕事でお世話になった方々、ありがとうございます。

私の活動を支えてくれている妻と四人の子どもたち、ありがとう。私を育ててくださった父・先代瑞岩寺二十六世大光昭雄大和尚、恩師生方悟先生、母、すべての檀信徒の皆様に感謝いたします。

そして、この本を手にし、読んでくださった皆様とのご縁に、感謝します。

ありがとうございました。

瑞岩寺住職　長谷川俊道　九拜

人生に悔いを残さないための
「悟り」入門

発行日　2018年　11月20日　第1刷

Author　長谷川俊道
Book Designer　原田恵都子（Harada+Harada）
Publication　株式会社ディスカヴァー・トゥエンティワン
〒102-0093　東京都千代田区平河町2-16-1 平河町森タワー11F
TEL　03-3237-8321（代表）
FAX　03-3237-8323
http://www.d21.co.jp
Publisher　干場弓子
Editor　千葉正幸

Marketing Group
Staff　小田孝文　井筒浩　千葉潤子　飯田智樹　佐藤昌幸　谷口奈緒美　古矢薫
蛯原昇　安永智洋　鍋田匠伴　榊原僚　佐竹祐哉　廣内悠理　梅本翔太
田中姫菜　橋本莉奈　川島理　庄司知世　谷中卓　小木曽礼丈　越野志絵良
佐々木玲奈　高橋雛乃

Productive Group
Staff　藤田浩芳　原典宏　林秀樹　三谷祐一　大山聡子　大竹朝子　堀部直人　林拓馬
塔下太朗　松石悠　木下智尋　渡辺基志

Digital Group
Staff　清水達也　松原史与志　中澤泰宏　西川なつか　伊東佑真　牧野類　倉田華
伊藤光太郎　高良彰子　佐藤淳基

Global & Public Relations Group
Staff　郭迪　田中亜紀　杉田彰子　奥田千晶　連苑如　施華琴

Operations & Accounting Group
Staff　山中麻吏　小関勝則　小田木もも　池田望　福永友紀

Assistant Staff
俵敬子　町田加奈子　丸山香織　井澤徳子　藤井多穂子　藤井かおり　葛目美枝子
伊藤香　鈴木洋子　石橋佐知子　伊藤由美　畑野衣見　井上竜之介　斎藤悠人
平井聡一郎　宮崎陽子

本文デザイン＋DTP　岸和泉
Proofreader　文字工房燦光
Printing　シナノ印刷株式会社

ISBN978-4-7993-2377-9